기후변화 도미노

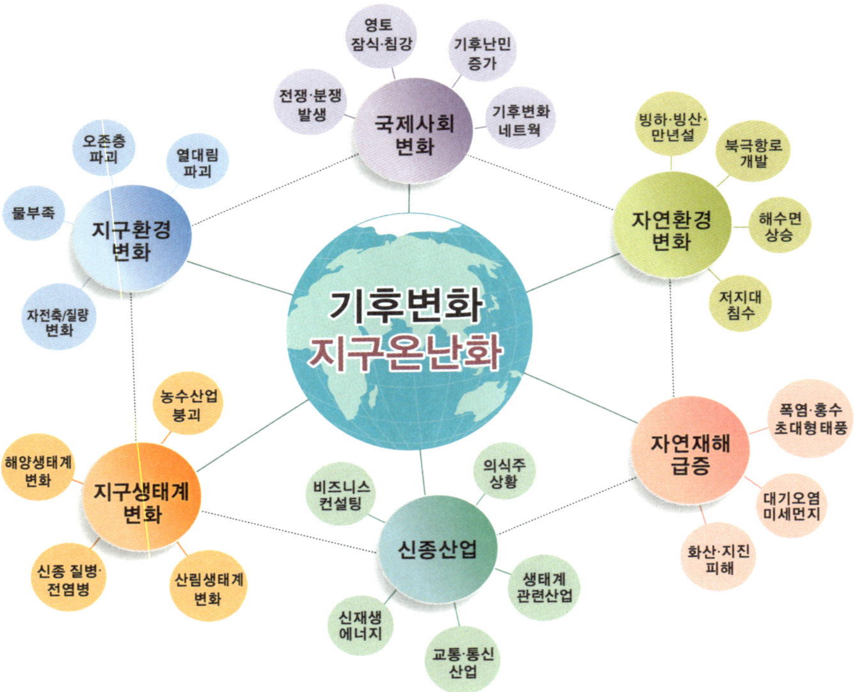

ⓒClimate Change Journal

기후변화, 보이는 게 다가 아니다

기후변화, 보이는 게 다가 아니다

초판 1쇄 인쇄 2017년 1월 2일
초판 1쇄 발행 2017년 1월 5일
지은이 | 조석준
이메일 | sjcho2017@gmail.com
펴낸이 | 남정수
인쇄인 | 천용관
펴낸곳 | 푸른지구
인　쇄 | 팬다콤프로세스

등록 | 제 2009-000068호
주소 | 서울특별시 용산구 두텁바위로60길 49 대원빌딩 본관 306호
전화 | 02)757-0567
팩스 | 02)757-0568

기후변화, 보이는 게 다가 아니다

조 석 준

책 머리에

본격적인 기후변화시대가 되었다. 그런데 이번에 시작된 기후변화는 지구 역사의 그것과는 양상이 전혀 다르다. 나는 지난 수십억 년 지구 역사상 크고 작은 기후변화가 수없이 있었지만 현재와 같은 성격의 기후변화는 단 한 번도 없었다고 단언한다. 그 이유는 기후변화의 가장 큰 요인이 인간의 활동이라는 점과 기후변화 속도가 상상을 초월하는 초특급이라는 것이다.

과거의 기후변화는 오랜 시간(수천 년 또는 수만 년) 서서히 진행되어 인간을 비롯한 생명체들이 이를 전혀 인지하지 못했다. 그러나 지금은 기후변화 속도가 과거에 비해 50배 또는 100배 이상 빠르기 때문에 최근 30년 간 변해 온 자연생태계 모습이 과거 5천 년 또는 수만 년에 걸쳐 진행되던 양상과 같다는 것이다. 물고기가 살고 있는 어항을 일정 온도까지 1시간만에 데우는 것과 수 년에 걸쳐서 덥히는 것은 큰 차이가 있을 것이다. 인간을 비롯한 지구생명체도 결국은 대기라는 어항 속에 살고 있는 셈이다.

그래서 나는 지금의 기후변화는 지구 역사상 처음 나타난 형태로 '돌연변이형 기후변화'라고 부르고 싶다. 돌연변이형 기후변화가 우리 인류에게 치명상을 입힐지, 아니면 우리가 돌연변이형 기후변화를 정지시키고 인류를 지킬지는 결국 우리 손에 달려 있다고 생각한다.

기후의 사전적 의미는 한 지역의 짧지 않은 기간 동안의 평균적인 기상상태를 말한다. 한 지역의 기후는 지구상에 도달한 태양에너지가 대기, 땅, 바다 등의 기후인자에 상호 영향을 주어 기온, 습도, 강우량 등의 기후요소로 우리가 체감한다. 흔히 사계절 내내 동식물 생태계가 변하는 과정을 보면 기후변화의 영향력을 실감할 수 있다.

대자연에서의 기후는 인간사회의 법과 같다. 사람의 활동이 보이지 않는 법에 의해 지배를 받듯이, 대자연에 속한 모든 생태계는 기후의 절대적인 영향을 받는다. 따라서 법이 바뀌면 개인, 사회, 국가에 많은 변화가 오듯이 기후가 갑작스레 변하면 지구 생태계에 엄청난 변화가 초래되는 것이다.

지구의 역사는 곧 생명체의 역사다. 지구생명체는 태양에너지와 기후변화의 합작품이다. 우리는 자연사 박물관에서 수십억 년 전 존재했다는 생명체 화석을 보고 경외심을 느끼지만 그 것의 멸종 원인이 기후변화였다는 사실에 소름이 돋기도 한다. 기후는 생명체에게 탄생이란 선물도 주지만 멸종의 원인도 제공한다. 결론적으로 기후변화는 창조주가 세상을 만들어가는 도구라 할 수 있다.

지구생명체의 하나인 인간도 대자연의 법인 기후의 절대적인 영향을 받는다. 몇백만 년에 이르는 인간의 역사에서 기후변화는 획기적인 전환점을 제공한다. 번갈아 찾아오는 빙하기와 온난화 기간 중 인류는 환경 적응과 이동을 거듭하며 생존 방법을 고도화시키는 데 그것이 곧 인류문명이다.

21세기에 벌어지는 기후변화에 의한 파장은 지구촌 곳곳에서 여러 형태로 나타날 것이다. 어떤 것은 눈에 보이고, 어떤 것은 우리도 모르는 사이에 형성되어 일격을 가할 것이다. 우선 눈에 보이는 것은 전례 없이 규모가 커지고 잦아진 기상이변이다. 기상이변은 해수면 상승과 해안 침식 등이 맞물리면서 더 큰 재앙을 일으키고 있다. 최근 우리나라의 대형 태풍 피해나 폭염피해, 저지대 침수 등이 그와 같은 사례로 볼 수 있다.

지구온난화의 가장 빠른 영향을 받는 영역이 바로 자연생태계다. 산, 바다, 육지에 있는 모든 생명체들이 동시 다발적으로 영향을 받으면서 그들의 지속가능성이 뿌리 채 흔들리고 있다. 지구생태계는 서로 연쇄적인 것이 특징이다. 기후변화로 한 종류의 벌떼가 멸종되면서 그와 관련된 꽃들이 사라졌다는 학계 보고도 있었다. 자신이 살고 있는 지역에 늘상 보이던 곤충과 식물이 사라지고 열대지방에서 서식하는 생명체가 보인다면 어떠한 기분이 들 것인가.

한반도의 온난화 속도는 지구 평균보다 2배 정도 빠르다고 한다. 이미 남해안과 동해안에서도 야자수가 자라고, 충청도가 한계선이었던 대나무는 서울을 넘어서 북상하고 있다.

기후변화의 여파는 식량 부족, 물 부족으로 이어져 급기야는 지역 분쟁을 일으키고 기후난민까지 양산할 전망이다. 이미 물 부족으로 인한 분쟁이 중동과 동아시아에서 시작되었고, 식량 부족에 따른 기후난민이 아프리카와 중동에서 발생해 그 여진이 유럽 전 나라로 퍼지고 있다.

이제, 2015년 파리기후변화협약이 정식 발효되면서 전 세계 모든 나라가 기후변화 대비책을 마련해야 한다. 기후변화 협상은 총성 없는 전쟁터처럼 국가 간 긴장감과 치열함으로 가득하다. 각국의 탄소배출량 목표 할당, 에너지체계 개편, 대기오염, 미세먼지, 물 부족에 따른 국가 간 협상, 신종 전염병의 글로벌 방역체계 마련 등 나라에 따라서는 기후변화 해결보다 더 시급한 현안들이 부지기수 나올 것이다.

나는 지난 40여년 간 기상, 기후, 기후변화 등 지구환경 정보와 지식을 세상에 알리는 데 힘써 왔다. 방송국 기상전문기자로 시작해 기상캐스터, 최고경영자 과정 교수, 기상청장, 기후변화 저널 발행인으로서 사회적 역할을 맡아 그 일을 심화시키고 발전시키는 데 노력해 왔다.

이 책은 그 동안 언론과 세상에 발표했던 글을 새롭게 정리하고 내용을 약간 추가한 것이다. 아울러 2년 1개월 간의 기상청장 재직 시 직원들과 호흡을 맞춰 일했던 기록인 '조 청장의 날씨편지' 일부를 수록해 국가기상업무의 중요성과 기후변화 관련 국제협력의 일면을 보여 주려고 했다. 그리고 앞으로 〈기후변화저널〉 발행인으로서 기후변화의 실상을 전 국민에게 가장 쉽고 빠르게 알리는 것이 생애 목표임을 다짐하는 내용을 Q&A로 정리해 실었다.

기후변화에 대한 전반적인 대비책 마련은 국가가 할 일이다. 하지만, 그 실행 과정에는 일반 국민의 능동적인 참여가 절대적으로 필요하다. 왜냐하면 실행에 엄청난 어려움이 수반되기 때문이다. 이를 위해서는 전 국민의 이해를 돕는 기후변화 커뮤니케이션 활동이 선행되어야 한다. 앞으로 기고, 출판, 방송, 국민

캠페인 등의 방법으로 기후변화 커뮤니케이션 활동을 전방위적으로 펼치고 싶다.

'돌연변이형 기후변화'는 지구촌 곳곳에 빠르게 퍼지면서 파장을 키우고 있다. 진행 속도만 완화시킬 수 있다면 인간을 비롯한 지구생명체의 지속가능성은 크게 높아질 것이다. 더 나아가 근본적인 해결책 마련에도 유리할 것이다. 2013년 발간된 IPCC(Intergovernmental Panel on Climate Change : 기후변화에 관한 정부간 협의체) 5차 보고서에서 아직은 인간이 해결할 능력과 시간이 있다고 한데 희망을 건다.

나는 인류 최대의 당면 과제인 기후변화에 대한 실상과 새로운 의미를 일반 국민에게 알리는 데 앞장 설 것이다. 그래서 기후변화의 위험으로부터 한반도의 자연생태계는 물론 국민들의 재산과 생명을 지키는 데 작은 힘이나마 보태려 한다. 아울러 뜻을 같이하는 사람들과 지혜를 모아 대비책을 마련하고, 기후변화로부터 인류문명의 존속을 위해 노력하는 데 선봉이 될 것을 다짐한다.

2017년 1월

조 석 준

차 례

책 머리에 04

01. 오피니언 13

기후변화, 보이는 게 다가 아니다 15

경제영토, 문화영토에 이어 기상영토 21

물관리와 국가경쟁력은 동의어 24

기후변화시대의 기업경영 29

건설업도 기후변화의 영향을 받는다 34

기후변화 해결의 총아 IT기술 40

홈볼트 해류와 대자연의 도미노 현상 46

일기예보, 정확도냐 만족도냐 49

02. 기상·기후의 영향 53

같은 기후권 사람은 성격도 비슷하다 55

소비자의 심리 변화를 마케팅에 활용하라 58

생활 균형을 지켜 주는 계절감각 61
인간의 수명을 결정하는 기온 64
겨울에는 왜 지능범죄가 늘어나나 67
세계 경제의 아킬레스건 엘니뇨현상 70
기온 1도에도 경제가 춤을 춘다 73
골프장과 스키장 운영에 기상정보를 활용하라 76
섭씨 30도가 넘으면 아이스크림보다 청량음료를 더 찾는다 80
과일의 단맛을 좌우하는 자외선 83
빌딩 바람이 길 가던 사람을 날린다? 87
도시화와 이상기온 발생은 정비례 91
대지의 여드름과 교통사고 94
해빙기 사고, 방심하면 당한다 97
날씨 따라 널 뛰는 선거판 101
태풍의 눈은 고요하다 104
지진이 감지되면 전기와 가스부터 끊어라 107
달리는 열차까지 들어올리는 회오리바람 110
인류의 역사를 지우는 환경오염 114

폭풍우가 불기 직전에는 왜 유쾌해질까? 117
신경질적인 사람은 추위도 비껴간다 121
안개와 함께 피어오르는 질병 124
삼한사온 현상은 공기정화기다 127
사람이 견딜 수 있는 기상조건의 한계는? 130
노르망디 상륙 작전은 기상정보의 승리였다 133
전쟁도 기상이변의 원인이 된다 137
인공 호수의 공(功)과 죄(罪) 141
바다에 뜬 기름이 기상이변을 부른다 144
원양어선 위협하는 빙산 147

03. 조 청장의 날씨편지 151

04. Q&A 235

기후변화,
보이는 게 다가 아니다

01

오피니언

파리기후변화협약 발효로 세계 각국은 총성 없는 전쟁을 벌이게 될 것이다. 탄소배출량 감축은 한 나라의 산업정책과 구조를 뿌리째 바꿔야 하는 개혁으로 이어질 수밖에 없어 경제주체 간 갈등이 불 보듯 뻔하다. 일각에서는 탄소배출량 조정과 적용 과정에서 국제적으로 통상분쟁이 일어나 결국 물과 식량 확보를 위한 기후전쟁도 불사할 것이라는 비관적 전망을 내 놓았다.

기후변화, 보이는 게 다가 아니다

2016년 9월에 발생한 경주 지진의 불안감이 채 가시기도 전에 한 달도 안 돼 태풍 차바가 영남지역 일부 도시와 농어촌 지역을 쑥대밭으로 만들고 지나갔다. 공교롭게도 올해 자연재해가 남부지역에 몰리면서 이 지역 주민들을 공포에 떨게 했다. 이를 지켜본 대다수 국민들은 향후 기후변화의 여파가 어떤 형태의 재해로 나타날지 걱정하고 있다.

잇따른 지진과 태풍피해로 기후변화에 관심이 쏠린 가운데 지난해 세계 195개국이 프랑스 파리에 모여 결의한 파리기후변화협약이 2016년 11월 4일 발효되었다. 파리기후변화협약 발효가 급물살을 탄 것은 미국과 중국 최고지도자의 협약 비준이 촉매제가 되었다. 2016년 9월 중국 항저우 G20 정상회담에 앞서 오바마 미국 대통령과 시진핑 중국 주석이 파리기후변화협약 비준서를 함께 반기문 UN사무총장에게 전달해 세계의 이목을 끌었다. 파리기후변화협약은 55개 당사국이 비준하고, 비준국의 탄소배출량 합이 전 세계 배출량의 55% 이상이 되면 자동 발효되는데, 중국(20%), 미국(17.9%)에 이어 세계 3위인 인도(4.5%)와 유럽연합(EU)이 각각 비준안을 통과시키고, 우리나라도 정식 발효 전에 국회를 통과했다.

1997년에 채택되고 2005년 공식 발효된 교토의정서는 선진국에게만 탄소배출을 규제했다. 그러나 파리기후변화협약의 발효로 이제 선진국은 물론 우리나라를 포함한 대다수 나라가 탄소배출을 의무적으로 감축해야 한다. 이에 따라 지구 평균기온을 21세기 말까지 산업혁명 이전 대비 2도 이내로 억제하려면 하루 빨리 온실가스 배출 저감정책을 마련하지 않으면 안 된다. 이 목표를 달성하려면 연간 온실가스 배출량을 2010년 기준으로 2050년까지 50% 이상 감축해야 한다. 또, 계속 그 수준을 유지해야 하기 때문에 앞으로 무역통상, 국방, 안보 등 모든 분야에서 기후변화협약이 세계질서를 움직이는 핵심 의제가 될 전망이다.

파리기후변화협약 발효로 세계 각국은 총성 없는 전쟁을 벌이게 될 것이다. 탄소배출량 감축은 한 나라의 산업정책과 구조를 뿌리째 바꿔야 하는 개혁으로 이어질 수밖에 없어 경제주체 간 갈등이 불 보듯 뻔하다. 일각에서는 탄소배출량 조정과 적용 과정에서 국제적으로 통상분쟁이 일어나 결국 물과 식량 확보를 위한 기후전쟁도 불사할 것이라는 비관적 전망을 내 놓았다.

기후변화 문제가 세계인의 관심사가 되기 시작한 것은 지난

2015년 12월 파리기후변화협약 회의에 모인 각국 관계자들.
(사진 출처 : Wikimedia Commons)

1988년 기후변화의 원인을 밝히기 위해 UN총회에서 IPCC (Intergovernmental Panel on Climate Change : 기후변화에 관한 정부간 협의체)라는 국제기구를 설립하면서부터다. IPCC는 5~7년 간격으로 기후변화 평가보고서를 발간하는데, 2013년에 제5차 보고서를 발간했다. 전 세계 과학자들이 참여하는 보고서는 195개 국이 참가하는 IPCC 총회에서 최종 확정된다. 우리나라에서도 6명의 과학자가 참여하고 있다. 특히 2015년부터 이회성 박사가 의장직을 맡고 있어 관심을 모으고 있다.

기후변화의 원인은 다양하지만 인류의 영향이 절대적이라고 할 수 있다. 2001년에 발간된 IPCC 제3차 보고서는 기후변화가 인간 활동에 기인할 가능성을 67%로 보았지만, 2013년 제5차 보고서에서는 95%로 높였다. 5차 보고서는 기후변화를 방치할 경우 위험이 더욱 심각해져 돌이킬 수 없는 상태에 이르게 될 것이라고 경고했다. 다행인 것은 아직 인류에게 기후변화를 억제할 방법과 시간이 있다고 본 것이다.

지난 133년 간(1880~2012) 지구 평균기온은 0.85도 상승했다. 그러나 현재 추세대로 온실가스가 배출되면 21세기 말에는 평균기온이 2.6~4.8도 상승하고, 해수면은 45~82cm 높아져 엄청난 후유증이 예상된다. 우리나라도 6개 지점의 기상관측값을 계산한 결과, 지난 102년 간(1912~2013) 연 평균기온은 13.1도, 평균강수량은 1243.2mm였다. 기온은 1.7도 상승했고, 강수량은 226mm 늘어났다. 쉽게 말해 겨울이 한 달 정도 짧아지고, 여름철 집중호우가 증가한 것이다.

IPCC 5차 보고서는 기후변화가 심각해지면서 예상되는 피해로 첫째, 폭염과 홍수 등에 따른 생명과 재산 피해, 둘째, 극한기후로 인한 기반시설과 공공서비스 기능 훼손, 셋째, 식량과 물 부족 현상에 따른 분쟁과 기후난민 발생, 넷째, 생물 다양성과 열대림 파괴 등 자연환경 훼손을 꼽았다. 이뿐만이 아니다. 기후변화는 눈에 보이는 기상이변

IPCC 제5차 보고서 한국어판 표지

기후변화에 따른 곡물 수급 불균형이 중동의 민주화혁명에 영향을 끼쳤다는 분석이 설득력을 얻었다.(사진은 당시 이집트 카이로 광장에 모인 시민들)

이나 생태계 파괴 말고도 '보이지 않는 손'으로 작용해 국제정치, 사회, 경제 분야에 큰 영향을 미쳐 폭동이나 전쟁의 원인을 제공하는 등 국방, 안보 분야에도 파급력이 크다. 2011년 중동에서 일어난 민주화혁명의 도미노 현상도 독재정권의 탄압과 시민의식의 성장 등 요인 외에 기후변화에 따른 곡물 수급 불균형이 영향을 끼쳤다는 분석이 설득력을 얻었다. 당시 가뭄이 든 러시아가 중동지역에 곡물 수출을 금지하는 바람에 가격이 크게 오르면서 생필품 값이 폭등했고, 이것이 민심에 악영향을 끼쳤다는 것이다.

한반도도 예외가 아니다. 다수의 북한 전문가들은 북한지역이 기후변화에 매우 취약하다고 우려한다. 산림이 황폐화되고 기상재해 예방 인프라가 취약해 1960년대에 우리나라가 겪었던 수해와 가뭄에 시달리고 있다. 따라서 지금처럼 북한에 가뭄과 수해가 반복되면 물 부족과 식량난이 가중돼 기후난민 형태의 대량 탈북사태가 예상되고, 이는 결국 우리나라의 안보 환경에 영향을 미쳐 국가 생존전략을 다시 짜야 하는 원인이 될지도 모른다.

눈썰미 좋은 선진국들은 이미 기후변화를 외교, 안보와 연계해 발 빠르게 대응하고 있다. 영국은 2008년부터 에너지기후변화부를 만들고, 기후변화와 관련한 국제 공조와 협조를 이끌어내기 위해 기후에너지안보대사 직을 신설했다. 우리나라도 기후변화대사가 기후협약과 같은 국제 업무를 전담하고 있다.

이제, 기후변화 대비는 인류 최대의 현안이자 숙제가 되었다. 이 과정에서 국가 간 생존경쟁은 총성 없는 전쟁터를 방불케 할 것이다. 국가 별 탄소배출량 할당, 에너지체계 개편, 대기오염, 미세먼지, 물 부족 사태로 나라와 나라 사이에 갈등의 골이 깊어지면 전쟁으로 비화할 수도 있다. 또, 신종 전염병 창궐로 인한 글로벌 방역 체계 마련 등 국가에 따라서는 기후변화 대비보다 더 시급한 현안들이 튀어나올 가능성도 배제할 수 없다.

물과 공기, 햇빛의 조화로 이루어지는 기후시스템은 모든 생명체를 존재하게 하는 에너지를 주지만, 인간의 탐욕이 빚어낸 무절제한 개발로 '기후변화의 역습' 이라는 부메랑이 되어 인류에게 되돌아 왔다. '뜨거운 감자' 로 급부상한 기후변화 문제를 해결하기 위해 긴밀한 국제 공조와 실천이 시급한 시점이다.

경제영토, 문화영토에 이어 기상영토

1960년대 만해도 우리나라는 오뉴월 보릿고개에 굶는 사람이 태반이었다. 또, 태풍만 오면 수백 명이 목숨을 잃었고, 한겨울 추위에 동사자가 속출했다. 나도 초등학교 때 원조품인 옥수수 죽을 배급받아 점심으로 먹었고, 70년 초 대학 시절엔 군복을 검게 물들인 바지를 입고 거리를 활보했던 기억이 생생하다. 그러던 우리나라가 온 국민의 뼈를 깎는 노력 끝에 2011년 무역액 1조 달러가 넘는 세계 9위 경제대국이 되었다. 한마디로 단군 이래 최대의 경제영토를 가지게 된 것이다.

통계로 보면 우리의 경제영토는 중국 20%, 일본 10% 등 범아시아권이 50%가 넘고, 미국 10%, 중동 14%, 유럽 13% 등으로 구성돼 있다. 이러한 경제영토를 운영하려면 수많은 인적교류와 물적교류가 동반되는 데 2010년대 이후 한·중·일 상호 방문자 수가 1,100만 명을 넘었고, 동중국해를 지나 우리나라 남해상을 지나간 선박이 50만 척이 넘는다고 한다. 한마디로 우리나라는 지리적 영토는 세계 108위로 작지만, 전 세계에 걸쳐 경제활동을 하는 경제대국이다. 한 때 영국이 '해가 지지 않는 나라' 라고 불린 것처럼 이제 대한민국이 바로 그 자리에 있는 것이다.

글로벌 차원의 경제활동에 반드시 필요한 것이 기상정보다. 지금부터 100여년 전 5만 톤급 타이타닉 호가 대서양에서 침몰한 가장 큰 이유는 유빙이 남하한다는 기상정보를 몰랐기 때문이다.

요즘 선박과 비행기가 5대양 6대주와 지구 상공을 마음 놓고 떠다니는 것도 정확한 기상정보가 모든 교통수단을 움직이는 등대처럼 인도하기 때문이다. 다시 말해 경제영토의 안정적 운영은 정확한 기상정보 생산의 근거인 기상영토 확장과 정비례 관계다.

우리나라의 기상업무 실력은 1970년대 초만 해도 북한보다 뒤떨어진 세계 최하위권이었지만 꾸준히 발전해 2천년대 이후 선진화 기틀을 마련하고, 기상 선진국으로 발돋움했다. 2010년 수퍼컴센터를 완공했고, 같은 해 세계 7번째로 독자 기상위성을 지구 상공에 띄워 올렸다. 또한 정부 내 기상레이더 통합운영을 완성하고, 석·박사가 300명이 넘는 전문조직이 되면서 현재 세계 7위권의 기상실력을 자랑한다.

기상청은 이제 정부의 국제협력계획에 따라 몽골, 필리핀, 베트남, 스리랑카 심지어는 아프리카 케냐, 에디오피아에 이르기까지 전 세계 개발도상국가에 기상기술을 전파하고, 그들을 교

대한민국 기상영토 현황.(2011년)

육시키며 자문관까지 파견하고 있다. 아울러 세계은행(World Bank), 아시아개발은행(ADB)과 전략적 제휴를 통해서 개도국 기상업무를 선진화시켜 세계 곳곳에 우리나라 기상영토를 넓히려는 계획을 진행하고 있다.

글로벌 시대에 한반도에 상륙하는 태풍만 걱정하고, 우리나라의 기상과 기후변화에만 관심이 있다면 그것은 세상을 너무 좁게 보는 것이다. 대한민국의 경제영토를 굳건히 하기 위해서는 지구촌에서 벌어지는 기상, 기후, 지진 등의 재난상황을 실시간 감시, 예측하는 능력이 필요하다. 이제, 대한민국 경제영토 확장을 돕는 수호천사는 문화 한류에 이어 기상실력임을 알아야 한다.

물관리와 국가경쟁력은 동의어

기상전문기자와 기상캐스터로 만 20년을 활동하는 동안 기억에 남는 일이 많이 있지만, 1997년 여름 지리산 폭우 상황을 아직도 또렷이 기억한다. 왜냐하면, 당시 피해상황도 특이했지만 지금 생각해보면 그 때부터 우리나라가 아열대기후성으로 변환되는 시작점이었다는 확신이 들기 때문이다.

1997년 7월 말로 기억된다. 오후 5시 기상청의 예보 발표 때만 해도 장마가 시작된 지리산을 비롯한 호남지방의 예상 강우량은 50밀리미터 안팎이었다. 그러나 밤 9시 TV 일기예보가 방송되자마자 기상청 발표가 밤 사이 최고 80밀리미터 이상 폭우가 오겠다는 호우주의보로 바뀌었다. 급기야 자정 무렵에는 최고 150밀리미터 이상 비가 오겠다는 호우경보로 바뀌었는데, 이처럼 기상예보관을 당황시킨 비구름의 정체가 바로 열대지방의 스콜처럼 발달된 비구름 때문이었던 것이다.

그날 오후만 해도 우리나라 서해남부 해상과 남부지방에 걸쳐

지리산에서 바라본 운해.

있던 장마전선상에는 강한 비구름이 보이지 않았다. 그런데 저녁 무렵이 지나면서 서해상에 강력한 비구름이 갑자기 형성되면서 밤 사이 호남지방을 통과해 지리산에 거의 200밀리미터 안팎의 집중호우가 쏟아진 것이다. 관측되는 곳이 200밀리미터라면 산 정상엔 더 많은 비가 오는 법이다. 그날 밤 지리산 일대에서는 전혀 예상치 못한 조난사고로 수십 명의 인명피해가 발생했다. 불과 대여섯 시간만에 지리산 같은 곳에 수백 밀리미터의 비가 올 경우 그 계곡의 상황을 상상해 보면 그야말로 끔찍하다고 할 수 있다. 정말로 안타까운 일이었다.

1997년 지리산 폭우를 시작으로 1998년 중북부 지방에 물폭탄급 폭우가 쏟아지고, 2002년 태풍 루사 땐 강릉에 하루 870밀리미터의 국내 최대급 호우와 2003년 태풍 매미 급습 등 이루 열거할 수 없을 정도의 기상재해가 있었는데, 최근 20여년 간 한 가지 분명한 특징은 강우량과 강우 패턴의 변화라 할 수 있다. 강우량의 경우 전체적으로 양이 늘어나고, 집중호우가 내리는 시기가 장마철에서 8월로 확대되는 것으로 나타났다.

이 같은 사실은 2007년 서울대에서 열린 공청회에서 확인되었다. 이른바 한반도 '장마 우기 통합적 고찰'에 대한 내용인데, 그 날 발표한 학자들에 따르면 이미 한국의 8월은 아열대기후의 우기와도 같은 현상이 나타난다는 것이다. 예를 들면, 1996년부터 2005년까지 8월 강우량이 1956년부터 1975년까지의 강우량보다 1.5배나 많다는 것이다. 또한 1998년부터 2007년까지 10년 동안 8월 강우량이 300밀리미터가 넘은 해가 8개 년이었던 반면에, 1988년부터 1997년 사이에는 단 두 차례였던 것으로 분석됐다. 다시 말해, 이미 한반도의 8월은 통계적 의미로 아열대 우기라 해도 과언이 아니라는 결론이다.

또다른 통계에서는 1980년대를 기점으로 우리나라의 8월 강우량이 7월 강우량보다 많아짐을 알 수 있다. 또한, 최근 들어 집중호우 일수도 늘어나고 있으며, 한 번 비가 내릴 때의 양 즉, 강수량 또한 많아지는 등 우리나라 여름 강우의 아열대화가 대세라는 판단이 든다. 이처럼 우리나라 여름철 강우 패턴이 변하는 것에 대해 대부분 학자들은 지구온난화에 따른 기후변화로 해석한다. 더 구체적으로는 지구온난화가 해수온도나 대기 대순

다목적 댐을 통한 홍수 조절과 물보관이라는 두 마리 토끼를 잡기 위해서는 보다 정교한 물관리 기술과 시스템이 필요하다.(사진은 1965년에 완공된 춘천댐 전경)

환에 영향을 주어 고온다습한 북태평양 고기압의 활동 범위가 달라진 때문이라고 한다.

이제 우리나라의 여름철 강우 패턴이 변했다는 것은 거의 분명한 사실이다. 앞으로 강우예보 못지 않게 물관리에 비상이 따를 것이다. 예전 장마나 태풍 때의 물관리가 2차원 시대라면, 요즘 같이 장마와 아열대 우기가 뒤섞이는 패턴에서의 물관리는 그야말로 3차원 시대의 기술이라 하겠다. 다시 말해 다목적 댐을 통한 홍수 조절과 물보관이라는 두 마리 토끼를 잡기 위해서는 보다 정교한 물관리 기술과 시스템이 필요하다.

이를 위해 예전보다 정보시스템 업그레이드, 관계 당국 간 협조관계, 물관리 정보를 국민과 함께 공유하면서 효과를 극대화하는 문제까지 풀어야 할 과제가 많다. 물론 어느 정도 대비책이 마련되어 있을 줄로 생각되지만, 요즘은 과거의 기상자료가 거의 휴지조각이라는 가설 하에 어떠한 상황에서도 최선의 결과를 얻어내야 할 것이다.

기후변화시대인 요즘 물은 에너지원이며, 식량 생산에 직결되는 최고의 자원이다. 식수나 산업용수 차원을 넘어 물자원, 물관리 기술 그 자체가 경쟁력으로 이어지면서 한 국가의 명운을 좌우할 수도 있겠다는 생각이 든다.

기후변화시대의 기업경영

최근 20년 간 한반도를 둘러싼 기후변화 경향은 너무나도 뚜렷이 나타나고 있다. 우선 석 달 이상 진행되던 겨울이 한 달 정도 줄어들고 여름은 한 달 늘어난 것으로 분석된다. 특히 수천 년 동안 한반도의 여름에 있었던 장마라는 현상이 사라지면서 아열대지방의 우기처럼 변하고 있다. 예전에는 7월 장마, 8월 무더위였지만 요즘은 7월보다 8월의 강우량이 더 많아지고 여름 넉 달 동안에 내리는 비도 수시로 내리는 스콜 형태로 바뀌고 있다.

기후가 바뀌면 한반도를 둘러싼 자연생태계도 변하기 마련이다. 예전에는 대구 사과였지만 지금은 사과 주산지가 강원도로 올라간다고 한다. 또 충청도까지가 생육 한계였던 대나무도 서울과 경기지역에서 흔히 볼 수 있게 되었다. 바다의 수온도 올라 어족자원의 분포에 영향을 미치고 있다. 우리나라 주변 해역에서는 오징어 같은 난류성 물고기가 많이 잡히고, 명태나 꽁치 등 한류성 생선은 점차 희귀해지고 있다고 한다.

전 세계적으로도 기후변화의 후유증이 나타나고 있다. 바다 수면이 높아지면서 해발 5미터도 안 된다는 남태평양상의 '투발루' 라는 나라는 물에 잠기기 직전이라 국민 전체가 주변 나라로 이주를 추진하고 있다는 안타까운 소식이 들린다. 이밖에 세계 곳곳에서 전에 볼 수 없었던 엄청난 기상이변으로 생명과 재산 피해가 잇따르고 있다.

하지만, 이런 후유증 속에서도 일시적으로 기후변화의 혜택을 누리는 곳도 있다. 북극을 덮고 있던 빙하가 녹으면서 북극항로로 배의 항해가 가능해짐에 따라 해운업의 판도가 서서히 바뀔 것이라는 전망이 커지고 있다. 또한, 러시아나 캐나다 북부처럼 수천, 수만 년 동안 덮고 있었던 빙하가 녹으면서 자원개발이 용이해져 희망에 부풀어 있는 곳도 있다.

이처럼 기후변화는 우리 인류에게 커다란 위험과 또다른 기회를 주고 있지만, 분명한 것은 기후변화 문제를 근본적으로 해결하지 않고는 인류의 생존을 보장할 수 없는 상황에까지 이를 것이다. 영국의 유명한 천문학자 스티븐 호킹 박사는 앞으로 200년 동안에 인류가 지금처럼 과학문명을 발달시키면 종족을 보존할 수는 있겠지만, 지구에서는 떠나야 할 것이라며 현재 지구의 위기를 심각하게 바라보고 있다.

기후변화에 대응하는 기업의 경영전략은 크게 두 가지가 있다. 첫째는 저감전략이다. 저감전략은 기존의 에너지 사용방식을 획기적으로 바꾸어 연비를 높이거나 효율성을 증대시키는 방

기업경영의 대표적 저감전략은 신재생에너지 시장의 확대다.(사진은 LG전자 구미공장의 태양광발전용 패널)

법이다. 예를 들어 미국에서 수입차의 연비를 일정량 이상 높이라는 주문이 오면 우리나라 자동차 업계와 부품업체는 대응책 마련에 고심해야 하고, 이 같은 노력이 산업계 전반에서 진행될 것이다.

또다른 대표적인 저감전략은 신재생에너지 시장의 확대다. 태양열, 태양광, 풍력, 조력, 바이오에너지 등 예전에는 효율이 낮고 비용이 많이 들어 쓸모 없었던 에너지 생산기술이 요즘 들어 각광받고 있다. 이러한 산업의 활성화를 위해 각국 정부는 지원을 아끼지 않고 있는데, 우리나라도 근래 정부의 지원 아래 태양광단지나 풍력단지 등이 곳곳에 세워지면서 나름 성과를 내고 있다.

아울러 탄소배출권을 마치 증권이나 선물처럼 사고 팔 수 있는 세계탄소시장이 급성장하고 있다. 우리나라도 2015년 1월에 탄소배출권 거래소 시장이 개장됐으나 연간 거래액이 100억 원을 조금 웃도는 등 아직 활성화되지 않고 있다. 전 세계 탄소배출권 시장 규모는 수백 조에 이를 것으로 전문가들은 예상하고 있다. 탄소시장을 통해서 에너지 저감기술을 세계에 팔고, 탄소배출 권리를 사 와서 국내 산업 발전에 활용하는 전략은 매우 중요하다.

기후변화 대응의 두 번째 전략은 적응전략이다. 인류가 힘을 합쳐 탄소배출을 억제한다고 하지만, 기후변화는 여전히 계속될 것이다. 이렇게 되면 과거에 볼 수 없었던 기상이변이나 자연생태계 변화가 동반되기 때문에 이에 대한 대응을 하지 못하면 결국은 살아남지 못한다는 뜻이다. 어떻게 변할지 모르는 기후변화에 대응하기 위해서는 먼저 온 인류가 힘을 모아 기상과 기후를 감시하고 위험상황을 서로 공유하며 협력하는 길이 최선이다.

기업의 경우, 기상과 기후변화에 대한 자료를 정기적으로 확보해 경영에 미칠 영향을 분석하고, 기업이 가지고 있는 여러 기능을 활용해 타개해 나가는 시나리오를 마련해 놓는 것이 좋을 것이다. 세계가 처음 당하는 일이라 초반에는 어려움이 있겠지만, 각 분야의 전문성을 살리고 자료를 공유하며 노력한다면 좋은 결과가 있을 것이다.

1980년 이전 기업경영의 패러다임은 오로지 경제적 성과, 즉 이익을 내는 것이 목표였다. 하지만 1990년대부터는 경제적 성과와 아울러 환경적 성과를 추구하는 것이 중요해졌다. 또한, 2천년대 이후에는 경제적, 환경적 성과 외에 사회적 성과까지 동시에 추구하는 패러다임으로 바뀌고 있다. 이는 바로 기업의 지속가능성을 높이는 길이 곧 이익을 낼 수 있고, 브랜드 가치를 높이며, 더불어 사회공헌까지도 할 수 있다는 뜻이다.

기후변화는 단기적으로 보면 분명 위기라 할 수 있다. 하지만, 전쟁을 통해서 인류문명의 진보가 이루어졌듯이 기후변화 극복을 통해서 우리 인류는 더 큰 발전을 이룩하고, 공존공영이라는 목표에 이를 수 있을 것이다.

건설업도 기후변화의 영향을 받는다

인간에게 가장 기본적인 것은 의식주 생활이다. 인간은 탄생 이후부터 기후변화에 대한 대비를 하는 과정에서 문명과 문화를 발전시켰다. 아마도 기후변화에 대비하지 못했다면 오늘날의 '인간'이란 생명체는 존재하지 않았을 것이다.

주거생활은 기후조건에 따라 독특한 발전을 하게 마련이다. 에스키모의 얼음집인 이글루나 열대지방의 수상가옥, 몽골 전통가옥 겔 등이 기후와 풍토에 대비하는 독특한 주거형태라 할 수 있다. 아울러 비가 세차게 오는 곳은 지붕이 급경사이거나 바람이 많은 곳은 석재로 덮기도 한다. 지역에 따라 냉·난방 방법도 차이가 있는데 우리나라의 '온돌'은 세계가 알아 주는 독특한 방식이다.

하지만 지구촌 시대가 열리면서 건축방법도 비슷해지고 있다. 아파트나 빌딩은 세계 어디서나 비슷한 구조로 지어지고 관리방식도 유사하다. 여러 나라를 여행하다 보면 호텔 또한 거의 같다. 문명의 교류가 지역마다 독특하게 발전해 온 건축방식을 움츠러들게 하지만 오늘날 현대건축은 효율성을 무기로 세계 곳곳에서 뿌리내리고 있다.

기후변화시대가 진행되면서 특히 건설업종에서 많은 변화가 예상된다. 이산화탄소의 저감을 위해 건물에서 사용하는 에너지양을 최소화해야 한다는 절체절명의 목표가 있기 때문에 건축소재는 물론 건물 관리방식에서 혁명적인 사고의 전환이 예상된다. 아울러 도시 전체에 대해서도 탄소 발생이 아예 없거나 이산화탄소 배출량만큼 청정에너지를 생산함으로써 환경오염을 상쇄시키는, 이른바 '탄소 제로 도시'와 같은 개념이 대표적인 아이디어이다.

삼성경제연구소가 펴낸 〈기후변화가 비즈니스를 바꾼다〉라는 책에 따르면, 탄소 제로 주택 건축과 도시 건설은 현재 영국에서 가장 활발하게 진행 중이라한다.

영국의 경우 주택이 전체 이산화탄소 배출량의 27%를 차지하고 있는데, 2050년까지 주택의 탄소배출을 60% 이상 줄일 수 있을 것으로 보고 있다. 2002년 3월 영국 런던 근교에 건설된 '베드제드'라는 탄소 제로 도시는 태양열과 풍력 등 청정에너지를 동력으로 확보하고, 산업쓰레기를 재활용하는 열병합발전소를 건설해 지금은 생태관광도시로 자리를 잡아가고 있다.

영국은 베드제드를 미래 주거환경의 모델로 삼고 에코타운 5곳을 선정해 10만 호의 친환경 주택을 건설한다는 계획을 발표

지구촌 시대가 열리면서 세계적으로 건축방식도 비슷해지고 있다.(사진은 현대식 공법으로 신축 중인 고층건물)

하기도 했다.

중동의 아랍에미레이트연합(UAE) 정부도 수도 아부다비 외곽 지역에 여의도 면적의 90%에 해당하는 세계 최대 탄소 제로 도시인 '마스다르시티'를 건설한다고 발표했다. 이 도시에는 5만 명이 거주하고 1,500여 개의 기업체가 입주할 예정이다.

마스다르시티의 주요 특징은 도시 운영에 필요한 모든 동력을 청정에너지로 사용하며, 대중교통 수단은 배터리로만 움직이는 무인 전기자동차를 사용한다. 아울러 식수와 용수 사용량도 최소화함으로써 담수화에 들어가는 전력을 절약한다. 기존 도시에 비해 에너지를 4분의 1만 사용해 도시를 운영할 방침이다.

탄소 제로 도시에 입주할 건축물 역시 친환경 건축양식이 도입된다. 친환경 건축양식의 가장 대표적인 것은 '저온지붕 만들기' 다. 건축물 구조상 태양열을 가장 먼저 받는 지붕은 태양에너지를 흡수해 열로 바꾼다. 그러나 연구에 따르면 지붕을 반사 재질로 만들 경우 20~70퍼센트의 에너지를 줄일 수 있다고 한다. 반사 재질로 지붕을 덮는 방법 외에 살아 있는 식물로 지붕을 덮어 지붕의 온도를 식혀 주는 방법도 있다.

친환경 건축양식 중에는 조립식 주택 사례도 있다. 애초부터 친환경 소재로 건물의 각종 부분을 설계, 제작한 다음에 현장에서 조립해서 사용하는 방식이다. 조립식 건축은 특히 공사기간이 단축되고 필요한 재료를 정확히 찍어내기 때문에 기존 방식에 비해 건축 폐기물이 50~75퍼센트 감소되고, 공사 중에 나온 자투리들을 다른 주택 건축에 재사용할 수 있는 이점이 있다.

목조건축은 오래 전부터 시행되었지만 최근 저탄소 사회 구축을 위해 목재를 이용하는 기술이 크게 발전하고 있다. 30평 짜리 목조주택은 같은 크기의 콘크리트 주택에 비해 50톤 정도의 이산화탄소를 감축하는 효과가 있다고 한다.

최근 세계적으로 목조를 이용해 고층건물을 짓는 게 세계적 추세다. 오스트리아는 높이 100미터 정도의 전망대를 목조로 지었고, 캐나다에서는 높이 18층의 대학 기숙사를 순수 목재로 지어 세계 목조건축계의 이목을 집중시켰다. 우리나라도 경기도 수원에 순수 목재로 5층 규모의 산림유전자원 종합연구동을 짓는 등 기술 개발에 노력하고 있다.

아울러 건축물에서 조명이 차지하는 비중은 매우 크다고 할 수 있다. 1870년대 토마스 에디슨이 발명한 백열전구가 아직도 쓰이고 있는데, 백열전구는 빛보다는 열로 에너지를 소비하기 때문에 형광등이나 LED 조명으로 바꾸는 것이 좋다. 미국의 경우 전체 에너지의 25%가 조명에 사용된다고 한다. 호주에서는 2010년 이후 백열전구 판매를 금지했는데, 백열전구를 형광등으로 바꿀 경우 백열전구가 방출하는 이산화탄소가 줄어들고 에너지도 절약하는 효과를 얻을 수 있다.

형광등 이후에는 LED조명이 각광을 받고 있다. LED는 형광등보다 10배 이상 수명이 길어 효과적이고, 색상이 다양하며 예열시간이 짧고 디자인에도 유리하다. 현재 일반 가전기기에 사용하기에는 가격이 비싼 약점이 있지만, 장기간 사용해야 하는 주차장이나 디자인이 요구되는 곳에서는 상당한 효과를 누리고 있다.

또 건물 내부에 장치돼 있는 에어덕트를 효율적으로 관리하고 운영해도 많은 에너지를 절약할 수 있을 것이다. 에어덕트의 디자인과 설치 시 봉합을 잘하고 공기의 흐름을 조절하는 방법을 통해 에너지 절약을 실천할 수 있다.

또, 에너지 낭비를 총괄적으로 파악하고 제어할 수 있는 스마트 미터기를 통한 '스마트홈' 다시 말해, 더욱 진화하는 주택 자동화시스템의 도입으로 사람의 움직임과 냉·난방, 조명기기 작동, 창문 블라인드 개폐 등을 한다면 가장 이상적이 될 것이다.

모든 건축이나 시설물 그 자체는 물론이고, 도시 전체적으로 에너지 낭비 요소나 효율을 개선할 수 있는 방법을 찾아내는 것이 기후변화시대에 대응하는 바람직한 건설 분야의 역할이라 하겠다.

기후변화 해결의 총아 IT기술

많은 사람들이 IT산업을 사양산업이라고 한다. 한마디로 한물 간 산업 분야라는 뜻이다. 그러나 지리나 수학이라는 학문이 녹아 들어 정보통신이나 금융업에서 꽃을 피우는 것처럼, 기술과 산업을 연구하는 학자들의 눈에 IT 분야는 산업 분야를 넘어 인프라 그 자체라 해도 과언이 아니다.

본격적으로 기후변화시대가 진행되면서 분야별로 대책 마련이 가속화되고 있다. 기후변화 정책 수립과 실행에는 수많은 데이터의 처리, 보관은 물론이고 실시간적인 상황 파악과 조치가 매우 중요하다. 이러한 것을 제대로 수행하는 방법은 모든 산업 분야에 IT 솔루션을 결합, 필요한 정보와 지식을 빠른 속도로 만들어내는 길밖에는 없다.

최신 연구 분야일수록 IT기술의 역할은 더욱 빛난다. 컴퓨터 황제 빌 게이츠는 21세기에서 가장 중요한 분야 중 하나로 생명공학(Bio technology)과 정보공학(Information technology)을

IT기술을 접목해 친환경 자동차를 생산하는 테슬라모터스 공장.(미국 샌프란시스코주 프리몬트)

꼽고 있다. 특히 생명정보학(Bio informatics)은 생물학적 데이터와 컴퓨터 계산이 어우러져 결과를 도출해내는 것으로 최근 놀랄 만한 성과를 거두고 있다. 예를 들어 인간의 유전자 지도를 작성하는 게놈 프로젝트의 경우 생명정보학의 발전이 없이는 불가능한 일이다.

사람은 보통 30억 개의 유전자를 가지고 있는데, 인류 역사상 맨 처음 사람의 유전자 지도를 만들 때는 16년에 걸쳐 3조 달러의 비용이 들었다고 한다. 그러나 요즘은 IT기술의 발달로 개인 유전자 지도를 아주 적은 비용으로 단 며칠 만에 만든다고 한다. 과학자들의 전망에 따르면 2020년 가까이 되면 개인 게놈지도를 작성하는 데 단 100달러만 있으면 5분 만에 가능하다고 한다.

생명정보학의 발달로 인간게놈지도가 마치 X레이 필름 다루듯이 쉬워지고, 이를 통해서 유전자와 인간 질병의 상관관계 등이 빠른 속도로 규명되고 있다. 생명정보학이 더 발달하면 암이나 백혈병 같은 난치병도 빠른 속도로 정복될 것이며, 인간의 평균수명이 150세에 이를 것이라는 예측도 불가능한 것이 아니라는 생각이 든다. BT와 IT의 결합을 통해서 인간생명을 연장시킬 수 있다는 것은 바로 IT산업의 중요성을 말해 주는 것이리라.

또한, 자동차산업이야말로 기후변화로 인해 가장 많은 변화가 예상되는 분야다. 왜냐하면 자동차 연료인 가솔린은 대표적인 화석연료로 기후변화의 원인물질로 지목돼 있기 때문이다. 따라서 가솔린 엔진의 효율성을 급격히 높이거나 전기자동차와 같은 친환경차 시장이 빠른 속도로 성장해야만 기후변화 문제가 해결될 수 있을 것이라는 기대를 가질 수 있다.

현재 자동차산업에서 IT기술과의 접목은 무척 빠른 속도로 진행되고 있다. 아날로그 자동차가 주로 부품과 부품의 결합을 통해 만들어졌다면, 전기자동차와 같은 친환경차는 시스템과 시스템을 통신으로 연결하는 방식으로 만든다고 한다. 한마디로 자동차라는 외형 틀에 컴퓨터가 10여 대 이상 상호 연결되어 있어 그 때마다 알맞은 프로그램의 작동을 통해 차를 운행하는 것이다.

예를 들어, 위치기반기술을 통해 내비게이션을 작동시키거나 생생한 교통정보를 수집해 효율적인 차량 운행을 하는 것은 바

미 항공우주국(NASA)에서 개발한 로봇.

로 IT기술 덕분이다.

미래형 자동차의 경우, 이 같은 경향이 더욱 두드러질 것이라는 예상이다. 현재 자동차산업은 완성차 시장이 주도하지만, 미래에는 고객 맞춤형 조립식 자동차 시장이 더 클 것으로 전망된다. 다시 말해, 자동차의 하드웨어보다는 디자인, 기능 등을 고객 취향에 맞도록 꾸미기 위해서는 바로 IT기술이 접목돼야 가능한 것이다.

미래형 산업의 대표적인 것으로 꼽을 수 있는 것 중 하나가 로봇산업이다. 로봇산업 역시 자동차산업과 마찬가지로 외적인 형태 구성도 중요하지만, 궁극적으로는 사람을 대신해 일을 해야 하기 때문에 IT기술이 적절하고도 충분히 활용돼야 산업이 커질 것이다. 로봇산업 초기에는 청소로봇이나 공장로봇처럼 단순히 사람의 일을 반복적으로 하는 로봇이 발달했다.

그러나 최근의 로봇연구는 보다 쌍방향적이고 감성적인 부분까지 포함하고 있다. 어린이나 노약자를 상대로 커뮤니케이션이 가능한 로봇을 만들어, 로봇과 인간이 감정 교류를 하면서 마음을 주고받는 단계까지 이른 것이다.

요즘 우리나라 일부 유치원에 단순 기능의 로봇이 배치돼 어린이들의 출석을 체크하고, 간단한 인사말까지 해 좋은 효과를 발휘한 사례가 있다. 로봇이 사람을 완전히 대체하기보다는 일정 부분을 보완하면서 효과를 보는 것인데, 이 또한 IT기술의 접목이 없으면 불가능하다.

생명공학이나 자동차산업, 로봇산업에서 보듯이 이제 IT기술이나 산업은 단순히 그 자체로만 존재하는 것이 아니다. IT산업은 다른 기술, 다른 산업과의 융합을 통해 보다 고차원의 기술을 구사할 수 있게 하고, 전혀 생각지도 못한 파생산업을 얼마든지 만들어낼 수 있는 마이더스 산업이라 할 수 있다.

예전에는 한 분야만 깊이 연구하는 전문가들이 각광받던 시대였다. 그러나 요즘은 이러한 전문가 이외에도 여러 분야를 섭렵하며 연구를 함으로써 해당 분야의 기술이나 산업 발달에 큰 기여를 하는 경우를 많이 본다. 생명공학, 의공학, 인체공학, 심지어는 정치공학이라는 말이 나올 정도로 모든 산업 분야에서 IT적인 사고와 접목이 필요해지고 있다.

IT산업은 바로 여러 분야 전문가들의 아이디어를 기술로 구현해 실현시키고, 진보된 기술을 산업에 적용시키는 메신저 역할을 하고 있다. 이 때문에 IT산업의 미래는 바로 모든 산업 발달의 바로미터라 해도 과언이 아니다.

훔볼트 해류와 대자연의 도미노 현상

얼마 전 한 편의 글로벌 다큐멘터리 프로그램을 시청하면서 1769년에 태어난 프로이센의 알렉산더 폰 훔볼트(1769~1859)라는 탐험가의 역사적인 업적을 알게 되었다. 기후학자이자 지리학자였던 훔볼트는 30세부터 중남미와 중앙아시아 지역을 몇 차례 탐험하면서 모든 생명체의 형태가 지구 자연환경과 관계가 있다는 새로운 사실을 밝혀냈다. 그는 근대 지리학의 대작인 〈코스모스〉, 〈자연의 풍경〉 등을 발간해 당시 유럽에서 나폴레옹 다음으로 유명한 사람이었다고 한다.

훔볼트가 밝혀낸 사실 중 하나가 바로 남아메리카 페루 연안을 따라 흐르는 해류의 존재다. 이 해류는 남극으로부터 남아메리카 연안을 따라 북상하는 한류로 후에 '훔볼트 해류'라 불리게 된다. 훔볼트 해류의 북상으로 한류와 난류가 겹치는 페루 앞바다에는 엔초비라는 멸치가 엄청난 규모로 떼를 지어 산다. 또 먹이사슬 원리에 따라 같은 바다 위에는 수많은 새 떼들이 엔초

독일 베를린 훔볼트대학교 교정에 세워져 있는 빌헬름 폰 훔볼트(1769-1859) 동상과 훔볼트 해류.

비를 잡아먹기 위해서 공중비행을 한다. 상상만 해도 대단한 광경이 아닐 수 없다.

멸치를 포식한 새 떼들은 자신들의 근거지인 해변 근처 야산에 엄청난 양의 새 똥을 남기는데, 쌓이고 쌓여 두께 수십 미터의 천연산 구아노 비료가 만들어진다. 당시 유럽은 정원과 화분 가꾸기 문화가 한창이던 때라 좋은 비료가 필요하던 차였다. 그런데 기존 비료보다 30배나 성능이 좋은 구아노 비료의 존재가 알려지면서 그야말로 수입 열풍이 불게 되었다고 한다. 구아노 비료는 인도산 향신료, 중국산 비단, 고려 인삼처럼 당대의 국제적 인기 품목 중 하나였을 것이다.

오늘날 페루 앞바다의 수온은 또다른 이유로 많은 사람들의 관심사가 되고 있다. 바로 세계적인 기상이변의 원인을 제공한다는 엘니뇨 현상의 시발점이기 때문이다. 크리스마스 무렵 페루 앞바다의 수온이 높아지기 시작해 고온 수역이 태평양 쪽으로 확산되면서 갖가지 기상이변과 기후변화의 원인을 제공한다는 것이 기상학자들의 분석이다.

'아기예수' 라는 뜻을 지닌 엘니뇨 현상은 오늘날 기상학자는 물론 기상재해와 밀접한 보험·금융 회사, 농수산물 생산·유통 회사, 국제운송물류 회사 등 다양한 업종과 산업 종사자들의 관심사가 되고 있다. 그 이유는 섭씨 1, 2도 정도의 작은 수온 변화가 바다 생태계를 바꾸는 것은 물론, 대기 중에서 장기 가뭄이나 초강력 태풍 발생의 원인이 되기도 하기 때문이다. 글로벌 햄버거 회사인 맥도널드에서는 한 해에 기상, 기후변화 연구비로 200억 원 이상을 지출한다고 한다. 이 연구비의 지출 목적 중 하나는 전 지구촌에 걸쳐서 가장 값싸고 품질 좋은 감자를 확보하기 위한 것이다.

이제 지구촌에서 한 국가와 기업으로 지속가능하기 위한 조건은 날로 어려워지고 있다. 예전에는 2차 방정식 풀이 수준의 능력이 필요했다면, 지금은 글로벌화, FTA, 기후변화 등 국제적 이슈들이 겹치면서 3,4차 방정식 풀이 수준의 능력이 요구된다. 따라서 대자연의 생명체처럼 온갖 변화에 유연하고 창의적으로 대응하는 기업과 국가만이 존속의 길을 갈 것이다.

일기예보, 정확도냐 만족도냐

일기예보의 정확도가 국민적 관심사인 것은 어제 오늘의 일이 아니다. 최근 들어 지구온난화에 따른 기상이변이 잦아지면서 기상정보의 중요성이 더욱 커지고 있다.

부정확한 일기예보는 국민생활에 큰 불편을 줄 뿐만 아니라 재해 시에는 생명과 재산의 피해를 더욱 가중시킬 수 있다. 이러한 사실을 분명히 알고 있는 기상청이 이따금씩 전 국민에게 회자될 정도의 빗나간 일기예보를 생산하는 연유는 무엇이고, 해결책은 없는 것일까?

흔히 일기예보의 정확도를 향상시키는 방법의 하나로 수퍼컴과 같은 장비의 보강과 우수한 인력 확보를 거론한다. 하지만, 이 방법만으로 해결되지는 않는다. 왜냐하면 오묘한 대기변화를 100% 예측한다는 것은 불가능한 일이기 때문이다. 기상 선진국의 예보 정확률도 종류에 따라 조금씩 다르긴 하지만 87~90% 수준으로 알려져 있다.

그렇다면 예보 정확도의 향상 외에 일기예보 서비스를 만족시킬 또다른 방법은 없을까. 통상 일기예보는 관측과 자료처리, 예보, 통보의 과정을 거쳐 국민에게 전달된다. 지금까지 기상청은 일기예보의 생산과 연구를 담당했고, 일기예보가 국민에게 전달되기까지의 유통은 방송, 신문, 인터넷, 모바일 등 이른바 미디어의 몫이었다. 하지만 일기예보를 국민에게 서비스하는 유통, 활용 부분을 시장원리를 통해 활성화시킨다면 일기예보의 만족도(체감 정확률)는 높아질 것이다.

1912년 4월 14일 영국에서 미국 뉴욕으로 향하던 5만 톤급 호화 유람선 타이타닉 호가 유빙과 부딪혀 대서양에서 침몰했다. 침몰 원인 중 하나는 당시만 해도 인공위성 정보가 없어 유빙이 어디까지 오는지 몰랐던 탓이다. 요즘은 큰 배가 항해할 때 날씨가 좋은 곳을 골라 유도하는 맞춤형 기상정보 서비스(오션 루팅)를 한다. 비행기가 대륙을 횡단할 때도 그 항공기만을 위한 정보가 제공된다. 선진국의 경우 큰 행사 때는 기상레이더가 탑재된 차량을 현장에 배치하고, 기상 상황에 따라 행사 스케줄을 조정하는 합리적 운영을 한다.

그렇다면 기상청이 이러한 서비스를 하면 되지 않는가? 이것은 엄청난 예산과 인력이 소요되는 일이다. 국가 치안업무의 경우, 경찰은 거리나 지역 치안을 담당하고, 보안회사들이 가가호호 서비스를 하고 있다. 같은 방식으로 기상청은 불특정 다수의 국민을 위해 군 단위까지 일기예보를 하고, 특별 자료를 요구하

충북 진천 국가기상위성센터에 설치된 기상위성자료 수신 안테나.

는 수요자들에게는 기상회사에서 맞춤형 유료 서비스를 하는 것이 필요하다. 우리나라 같은 IT 강국에서는 네비게이션에 기상자료를 연동시켜 유비쿼터스형 기상정보를 제공하는 이를테면 '웨비게이션 서비스' 도 가능할 것이다.

특정한 기상정보 서비스에 대한 정부와 국민의 인식이 달라진다면 기상산업 시장은 우리나라 경제의 핵심 성장동력이 될 수 있다. 왜냐하면 거의 모든 산업이 기상과 상호 관련이 있기 때문이다.

앞으로는 일기예보의 생산과 유통, 서비스 방식에 있어서 기상청과 민간 부문의 역할이 잘 조정돼 다양한 기상정보 서비스가 국민에게 제공되어야 한다. 맞춤형 기상서비스 시장이 활성화된다면 일기예보에 대한 국민의 만족도도 크게 높아질 것이다. 이렇게 기상산업 시장이 성장하면 시장의 자금이 다시 일기예보의 정확도를 올리는 국가예산에 반영되는 선순환으로 이어질 것이다.

특히, 기상청은 일기예보 외에 국제적으로 뜨거운 이슈인 기후변화 문제를 국가기상업무와 연계해 대책을 마련해야 한다. 기후변화 문제는 국가경제는 물론 글로벌 시장에 지각변동을 일으킬 막강한 영향력을 가지고 있기 때문이다. 부정확한 일기예보와 부실한 기후변화대응은 국가기상업무의 효율적인 수행과 기상산업의 육성을 통해 해결할 수 있을 것이다.

태풍의 눈은 고요하다

02

기상·기후의 영향

현대인이 계절감각을 지닌다는 것은 상당히 중요한 의미가 있다. 왜냐하면 다양하고 복잡한 현대 생활에서 이보다 더 중요한 균형감각은 없기 때문이다. 계절감각을 바탕으로 사회 현상을 바라 볼 수 있다면 그보다 충실한 접근법은 없을 것이다. 계절을 느끼기 위해서는 가끔씩 산이나 들로 나가서 그 속에서 생활하는 동식물의 모습을 살펴볼 필요가 있다. 시간이 없으면 집 안팎에 있는 나무들을 보살피며 관찰하는 것도 좋은 방법이다.

같은 기후권 사람은 성격도 비슷하다

지구상에서 살아가는 수많은 사람들은 인종이나 민족에 따라 용모와 성질이 다르다. 또한 같은 민족이라 하더라도 지방에 따라 성격이나 기질에서 큰 차이가 나타나기도 한다. 이 같은 이유는 지역에 따라 날씨나 지형 등 풍토가 다르기 때문이다.

투우로 유명한 스페인 사람들은 매우 정열적이다. 일반적으로 독일 국민들은 근면하고 과학적이라는 평가를 받고 있다. 프랑스와 이탈리아 사람들은 감상적이고, 여러 민족이 모여 하나의 나라를 만든 미국 국민들은 건국 초기에는 매우 진취적이었으나 지금은 보수적인 성향을 보이고 있다.

대부분 학자들은 기후가 사람의 신체나 정신에 영향을 미쳐 같은 기후권에서 오래 살아갈 경우 정신적인 활동력이 비슷해진다는 의견에 동의한다. 따라서 민족 구성원들 사이에는 감각이나 심리, 성격, 지능의 발달 정도가 흡사한 모습을 보여 준다는 것이다. 그러나 같은 민족이라 할지라도 지리, 지형적인 여건과 그에 따른 풍토 때문에 다시 미묘한 차이를 보이는 경우가 있다.

인종이나 민족에 따라 용모와 성질이 다른 것은 지역에 따라 날씨나 지형 등 풍토가 다르기 때문이다.

우리나라의 경우 섬 사람과 육지 사람의 성격, 기질 등이 다르고, 또 해안과 내륙 사람도 여러 면에서 차이를 보이고 있다. 일반적으로 수시로 폭풍우를 맞으며 살아가는 섬이나 해안 사람들이 더 강인한 일면이 있다고 한다. 이밖에 추운 북부지방과 중부지방, 그리고 온화한 남부지방 주민들 사이에도 미묘한 차이가 발견된다.

이와 비슷한 사례는 세계 여러 지역에서 얼마든지 볼 수 있다. 유럽에서 남방인과 북방인의 성격을 비교해 보면, 남방인들은 비교적 명랑하지만 기후 때문에 조금 게으르다. 북방인들은 밝음은 좀 결여돼 있으나 둔중하며 끈기가 대단하다.

이밖에도 유럽에서는 햇빛이 강한 남쪽으로 갈수록 기질이 점차 격정적이다. 일반적으로 독일 사람들은 침착하나 표정이 없다. 그러나 독일보다 남쪽에 있는 프랑스인들의 표정은 훨씬 밝다. 그리고 더 남쪽인 이탈리아로 내려가면 요란스러우리 만큼 흥분을 잘 한다고 한다.

이러한 남방인과 북방인의 성격 차이는 일사량(日射量)의 차이에서 비롯된 것이다. 남쪽은 햇볕이 강하고 밝기 때문에 명랑한 성격이 형성된다. 또 야외 활동이 쉬워 활동적이며 기민한 성격이 많다고 한다. 너무 극단적인 기후 환경에 사는 종족들, 즉, 에스키모인이나 북부 시베리아의 오스타크 족은 열대지방 종족의 성격과도 공통점이 있다고 한다. 극과 극은 통한다는 말처럼 극한의 기후가 사람들을 단조롭게 만든 사례라고 볼 수 있다.

국제화 시대를 맞아 세계 여러 나라와 교역을 하기 위해서는 상대국의 국민성을 아는 것이 훌륭한 정보가 된다. 상대방의 성격이나 관습을 잘 모르고 접근해 상담에 실패한 사례는 우리 주변에서 흔히 볼 수 있다. 개인의 성격을 알지 못한 상태에서 접촉을 할 경우 앞에서 말한 사례를 떠올리면서 예의 바른 태도를 보인다면 무난할 것이다.

소비자의 심리 변화를 마케팅에 활용하라

봄은 여자, 가을은 남자
봄은 김소월, 가을은 이효석
봄은 산문, 가을은 시
봄은 토인비, 가을은 슈펭글러
봄은 슈베르트, 가을은 베토벤

언뜻 머릿속에 있는 생각들만 떠올려 보아도 두 계절은 이렇게 다르다. 이처럼 봄과 가을은 그 느낌과 속성에 있어서 크게 다르지만, 어떤 한 시점만 놓고 보면 비슷한 점을 보이고 있다.

한 예로 완연한 봄인 4월 중순과 가을의 절정인 10월 중순은 평균 기온이 섭씨 13도 안팎에 습도도 60~70퍼센트 수준으로 사람에게 가장 쾌적한 시기다. 그럼에도 불구하고 봄과 가을이 사람에게 각각 다르게 느껴지는 이유는 무엇일까? 주요 원인은 계절의 흐름이 반대인 것과 그에 따른 주변 환경의 변화 때문이다. 봄은 추운 겨울을 벗어나는 과정이고, 가을은 무더운 여름에

봄에는 기쁨과 희망의 감정이 저절로 솟는 반면, 가을이 되면 마음은 상쾌하지만 어딘지 모르게 쓸쓸한 느낌이 든다.(사진은 봄의 전령사 개나리꽃과 가을 단풍)

서 다시 겨울로 진입하는 상태라 할 수 있다. 어떻게 보면 당연한 이야기다. 그러나 기온이 점차 오를 때와 수은주가 서서히 떨어질 때의 기상 변화가 사람을 포함한 모든 생물체에 미치는 영향은 차이가 큰 것이다.

심리학자들에 따르면 온도와 습도의 오르내림이나 낮과 밤의 길이가 변하는 것, 또는 주변 환경이나 동식물 세계의 변화가 사람의 감정에 미묘한 영향을 준다. 봄에는 기쁨과 희망의 감정이 저절로 솟는 반면, 가을이 되면 마음은 상쾌하지만 어딘지 모르게 쓸쓸한 느낌이 드는 것 등이 그 예다. 우리가 봄꽃인 개나리나 진달래에서는 화사함과 발랄함을 느끼지만, 가을꽃인 국화나 코스모스를 보면 그윽함과 청초함을 연상하는 것도 계절이 주는 영향 때문이다.

일반적으로 사람은 기온이 점차 내려가고 있을 때보다는 올라가고 있을 때 자극을 더 받는 것으로 나타난다. 그래서 봄이 되면 마음이 들뜨고 격정적으로 변하는 반면, 가을이 되면 마음이 차분하게 가라앉아 사색에 잠기는 시간이 많아지는 것이다. 이 같은 현상에 대해 한 의학자는 다음과 같이 얘기하고 있다. 봄에는 태양 고도가 높아지면서 햇살에 세어지는데, 이 때 강한 햇빛이 간뇌를 자극하고 이 자극이 뇌하수체로 전달돼 성 호르몬 분비를 촉진시키기 때문이란 것이다. 또한, 가을에는 수은주가 점차 떨어지고 여기에서 느껴진 찬 감각이 간뇌의 각성 중추를 자극해 의식을 더욱 또렷하게 해 주는 것으로 설명한다. 이러한 작용으로 사람은 한여름의 불볕더위엔 쉽게 공격적이 되지만, 가을이 되면 감각과 사고가 또렷해지게 된다.

계절에 따른 소비자의 심리를 파악해 이를 광고 등의 마케팅에 활용하는 기법은 이미 일반화돼 있으나 아직은 통상적인 수준을 벗어나지 못하고 있다. 날씨만큼 수시로 바뀌는 소비자를 자신의 고객으로 만들기 위해서는 기상심리학에 대한 철저한 연구가 필요하다.

생활 균형을 지켜 주는 계절감각

한 어린아이가 인사도 잘 하고 경우도 바르게 행동한다면 "너 이제 철이 들었구나"라고 말한다. 원래 이 말은 옛날 농경사회에서 한 젊은이가 계절의 흐름에 맞추어 농사를 지을 수 있게 되었을 때 사용되었다고 한다.

현대인들은 사계절 내내 푸른 채소와 과일을 먹고, 또한 계절의 변화에 관계없이 일하기 때문에 농사철 감각이 상당히 둔화된 상태다. 더구나 요즘은 사람을 대신해 로봇이 일하는 세상이 되었다. 이처럼 세상의 변화 속도가 너무 빠르기 때문에 잠시만 한눈을 팔아도 시대에 뒤떨어진 사람으로 전락하고 만다.

그래서 사람들은 여러 가지 미디어 매체를 통해 최근의 정치, 경제, 사회적인 상황을 잠시라도 놓치지 않으려고 애쓴다. 또, 복장이나 용모에서부터 심지어는 유행어에 이르기까지 현실감각에 뒤떨어진 사람이 되지 않으려고 노력한다.

이러한 와중에도 점차 무디어가는 감각들이 있다. 그 중 대표적인 것이 계절감각이다. 학자들은 계절감각이 상실되면 자연에

학자들은 계절감각이 상실되면 자연에 대한 마음의 자세까지 달라질 수 있다고 지적한다.(사진은 수확의 기쁨을 만끽하는 농부의 모습)

대한 마음의 자세까지 달라질 수 있다고 지적한다. 대도시가 형성되면서 사람들은 순수한 자연과 점차 격리되었고, 친근했던 동식물마저도 서서히 자취를 감추고 있는 것이 현실이다. 그 결과 사람들은 주변의 자연과 동식물로부터 계절의 흐름을 알기가 힘들어졌다. 일상에서도 전천후 형태의 일들이 많아져서 현대인들의 계절감각을 더욱 무디게 하고 있다.

주로 농사를 짓던 옛날 사람들은 계절의 흐름을 아는 일이 무엇보다 중요했다. 그래야만 때를 놓치지 않고 농사를 지을 수 있었고, 또 풍년을 기약할 수 있었다. 그래서 옛날 사람들은 해와 달 등 천체의 운행을 살피고 그 기상 현상과 동식물의 움직임, 그리고 농사 전반을 상호 연관시켜 생활에 적용했다. 계절감각이 어느 정도 근거를 가지게 되는 것은 계절의 흐름에 따라 만물이 규칙성을 가지고 변하기 때문이다. 예를 들어서 2월 말쯤에 자연은 암회색을 띠지만 봄이 되면 연둣빛으로 변하고, 여름에는 짙은 초록색이 된다. 그러므로 이러한 변화에 맞추어 동물의 활동 등에 여러 요소를 함께 비교하면 어느 정도 계절 예측이 가능하다.

현대인이 계절감각을 가지고 있다는 것은 상당히 중요한 의미가 있다. 왜냐하면 다양하고 복잡한 현대 생활에서 이보다 더 중요한 균형감각은 없기 때문이다. 계절감각을 바탕으로 사회현상을 바라 볼 수 있다면 그보다 충실한 접근법은 없을 것이다. 계절을 느끼기 위해서는 가끔씩 산이나 들로 나가서 그 속에서 생활하는 동식물의 모습을 살펴볼 필요가 있다. 시간이 없으면 집 안팎에 있는 나무들을 보살피며 관찰하는 것도 좋은 방법이다.

인간의 수명을 결정하는 기온

선진국에 이어 우리나라에서도 노인을 상대로 사업을 하는 이른바 '실버산업'이 점점 번창하고 있다. 이 같은 현상은 문명의 발달과 더불어 사람의 평균 수명이 크게 늘어났기 때문이다. 통계청에 따르면 2015년 현재 우리나라 총 인구 중 65세 이상 노년층이 13.2퍼센트에 이르고 있다. 평균 수명이 늘어나는 요인으로는 과학의 발달과 함께 의식주 등 기본 생활이 향상되었기 때문이다.

날씨를 구성하는 기상 요소 중 기온은 사람의 의식주 생활에 많은 영향을 준다. 3단 논법으로 말한다면 기온은 사람의 수명과도 관계가 깊다는 것이다.

날씨가 몹씨 추운 한겨울보다는 2월부터 3월 초에 이르는 해빙기 때 노인들이 쓰러지는 경우가 많다. 한겨울에는 수은주가 아예 영하에 머물기 때문에 긴장된 마음으로 몸을 지탱할 수 있었지만, 해빙기가 되면 아침 기온이 영하 5도였다가 낮 기온이 영상 5도까지 오르는 등 0도선을 기준으로 수은주가 오르내림

의학의 발달과 생활조건의 향상으로 인간의 수명이 급격히 늘어나고 있다.

을 반복하는 까닭에 신체가 느끼는 스트레스가 매우 강하다. 또한 추운 겨울에는 신체 유지에 필요한 에너지가 여름보다 10퍼센트가 더 들고 봄, 가을보다는 20~30퍼센트 더 많이 든다고 한다. 따라서 겨울을 춥게 보내고 나면 엄청난 체력을 소모하기 때문에 병이 자주 나고, 결국은 수명도 단축된다. 대부분의 동식물들이 겨울 동안 활동과 성장을 멈추고 동면하는 것도 에너지 소모를 막기 위해서다.

UN에서 발표한 한 통계에 따르면, 기온과 인간 수명은 어느 정도 상관관계가 있는 것으로 나타나고 있다. 예를 들어 평균 기온이 섭씨 20도 되는 곳에서 사는 사람은 평균 수명이 59세이고, 평균 기온이 10도인 곳은 평균 수명이 55세로 떨어지며, 평균 기온이 0도밖에 안 되는 추운 지방의 사람들은 50세에 생을 마감하고 있다. 물론, 이것은 문명의 혜택을 받는 정도가 비슷하다는 전제 하에서 나타난 것이다. 그러나 지금은 추운 지방의 사람들도 거주하는 생활공간의 온도가 올라가고, 충분한 영양을 섭취하고 있어 수명이 늘어나고 있다. 이밖에도 공기가 좋은 환경에서 오염되지 않은 식품을 섭취하고 편안히 쉰다면 지금보다 오래 살 수 있을 것이다.

2014년 현재 한국인의 평균 수명은 남자가 78.8세, 여자가 85.5세로 40년 전에 비해 20년 이상 늘어난 것으로 조사됐다. 이 같은 결과는 우리나라의 경제 발전에 따라 생활환경이 급격히 좋아진 때문이다.

문명이 발달하면 기상 등 자연조건을 어느 정도 극복할 수 있기 때문에 사람의 수명이 늘어난다. 그리스, 로마 시대에는 평균 수명이 19세로 무척 짧았다. 16세기에는 21세, 18세기에는 26세, 19세기에는 34세 정도였다고 한다. 그 후 20세기 들어 예방의학의 발달과 생활조건의 향상으로 수명이 45~50세에 이르는 획기적인 결과가 나타났다. 앞으로 노화현상이 규명되고, 의학이 고도로 발달할 경우 수명 150세가 넘는 시대가 올 것이라는 것이 전문가들의 의견이다.

겨울에는 왜 지능범죄가 늘어나나

현대 사회의 골치 아픈 문제 가운데 하나가 각종 사건 사고가 급증한다는 것이다. 경찰 조사에 따르면 각종 안전사고의 대부분은 계절적인 요인이나 갑작스런 기상 현상에 그 원인이 많다. 예를 들어 겨울에는 화재사고가 많고, 한여름에는 익사사고가 많다. 눈이나 비가 올 경우엔 교통사고가 빈발하고, 폭설이나 집중 호우 때는 눈사태나 산사태가 일어나서 피해를 준다. 이런 것은 바로 그 때의 날씨가 사고의 원인이 된 경우다.

사람이 저지르는 범죄 역시 날씨의 영향을 많이 받는다. 독일의 한 기후연구소의 자료에 따르면, 수은주가 35도를 오르내리는 한여름에는 상해나 폭행처럼 사람의 신체 접촉에 관계되는 사건이 많다고 한다. 또, 가을에서 겨울까지 기온이 점차 낮아질 때는 문서 위조나 사기 같은 재산에 관한 지적 유형의 범죄가 증가한다고 한다.

이 같은 현상은 미국의 사회학자인 덱스터 박사의 연구와도 일치한다. 덱스터 박사는 기온 변화가 사람의 심리에 영향을 미

기온 변화가 사람의 심리에 영향을 미쳐 기상조건에 따라 사건 사고의 유형이 달라지기도 한다.

쳐 행동에까지 이르게 한다고 설명한다. 그에 따르면 추운 겨울에는 사람의 행동이 소극적이 되는 반면, 머리 회전은 좋아진다고 한다. 그리고 더운 여름에는 생각할 겨를도 없이 감정이 쉽게 폭발해 우발적인 행동을 하게 된다는 것이다.

그렇다면 기상의 어떤 작용이 사람의 마음을 움직이는 것일까? 이를 위해 환절기에 나타나는 사람들의 변화를 살펴보자. 환절기란 계절이 바뀌는 시기로 대체로 보름에서 한 달 사이의 기간을 말한다. 이 때는 기온이나 습도, 바람 또는 비가 오는 형태, 태양광선의 강도 등 여러 가지 기상조건이 달라진다. 이 때문에 환절기에는 허약한 사람, 어린이, 노인은 물론 건강한 사람들까지도 새로운 기상조건에 적응하지 못해 질병을 앓을 위험이 높아진다.

이 같은 원리 때문에 날씨가 급변할 때는 정서적으로 스트레스를 받고 있던 사람들이 폭발적인 행동을 할 가능성이 있다는 얘기다. 외국에서는 기상조건과 사건 사고의 유형을 분석해 범죄 예방을 하기도 한다. 예를 들면, 불쾌지수에 따른 특정 사건의 발생 빈도라든가, 기상조건에 따라 달라지는 사건 유형을 분석해 사전에 경고를 하고 있다.

치안질서 확립을 위해서는 공권력의 행사도 필요하겠지만, 그보다 앞서 사회 환경의 개선이 더욱 요구되는 것이다. 날씨와 사건 사고의 상관관계를 연구해 그런 사고들을 예방할 수 있는 효율적인 방법을 강구해 볼 필요가 있다.

세계 경제의 아킬레스건 엘니뇨현상

세계적인 기상이변이 일어날 때마다 학자들이 원인으로 꼽는 현상이 있다. 바로 '엘니뇨' 현상이다. 이제 엘니뇨라는 말은 일반인들에게도 생소한 말이 아니다. 왜냐하면 엘니뇨현상이 나타날 경우 전 세계적으로 경제와 사회 전반에 영향을 미쳐 사람들의 관심의 대상이 되기 때문이다.

엘니뇨현상이 일반에게 알려지기 시작한 것은 지난 1980년대 초반의 일이다. 1982년 6월부터 세계 도처에서 원인을 알 수 없는 최악의 가뭄이 계속되었다. 인도네시아에서는 계속된 가뭄으로 수만 명이 기아에 허덕이다가 결국 수백 명이 목숨을 잃기까지 했다.

또한, 오스트레일리아에서는 모진 열풍과 한발로 드넓은 농장이 사막으로 변하면서 농작물이 모두 말라 죽기도 했다. 그 후 가뭄은 인도양을 건너 아프리카 남부까지 확대되었고, 다시 인도, 스리랑카, 필리핀, 하와이 등지로 지구 둘레를 한 바퀴 돌면서 엄청난 피해를 주었다.

엘니뇨 현상의 영향 때문에 장기간 가뭄으로 바닥까지 갈라진 저수지 모습.

그런가 하면, 그 해 말 미국 서해안에 놀라운 규모의 폭풍우가 덮쳐 수많은 인명 피해와 재산 피해가 있었다. 그 당시 입은 재산 피해에 대해 한 기상학자는 "온갖 재해가 다 일어나서 단번에 이번과 같은 피해가 날 가능성은 앞으로 200년 이내에는 다시는 없을 것"이라는 말을 남겼다.

이처럼 극단적인 홍수와 가뭄이, 그것도 전 세계적으로 동시에 나타나는 원인은 무엇일까? 학자들은 그 원인을 찾는 데 고심하기 시작했다. 그리고 오래지 않아 이 엄청난 기상이변의 원인을 발견해냈다. 그것은 남미 페루 연안에서 북상해 태평양 전역에 퍼진 이상 난류의 영향 때문인 것으로 밝혀졌다.

그 당시 바닷물의 온도를 측정했던 과학자에 따르면, 페루 부근의 수온이 정상보다 섭씨 7도 가량 높아서 무려 섭씨 32~33도가 되었고, 중부 태평양의 수온은 대부분 30도 안팎을 기록했다고 한다.

사실, 남미에 있는 페루 연안 바다에서는 연말이 되면 수온이 상승하는 현상이 규칙적으로 일어나곤 했었다. 이 현상은 매년 크리스마스 무렵에 나타나기 때문에 스페인어로 어린 아기예수를 뜻하는 말인 '엘니뇨'라고 부르게 되었다.

예전에는 그 범위가 좁아서 별다른 영향이 없었다. 하지만 간혹 페루 앞바다에서 엘니뇨현상이 심하게 나타날 때는 세계에서 가장 많이 잡히는 엔초비라는 멸치의 어획고가 급격히 떨어지는 현상이 벌어졌다. 그러면 미국의 가축 사료 값이 뛰고, 결국은 세계 경제에 큰 파문이 일어나는 것이다.

엘니뇨현상은 주기적으로 찾아온다. 지난 1982년의 세계 기상이변 이후로는 기상학자는 물론이고 일반인들도 페루 앞바다나 태평양의 수온 소식에 촉각을 곤두세우곤 한다. 세계 경제의 흐름을 알기 위해서는 지구상의 자그마한 기상변화까지도 주시해야 하는 세상이다.

기온 1도에도 경제가 춤을 춘다

무더운 여름은 에어컨회사에 즐거움을 주지만 선선한 여름은 도산 위기로 내몬다. 또, 이상 난동은 서민들의 시름을 덜어 주지만 난방기구 회사는 적자폭에 비명을 지른다. 이처럼 날씨가 사업에 영향을 미친다는 것은 누구나 짐작하는 일이지만 구체적으로 알기는 어렵다. 그러나 날씨를 구성하는 요소 가운데 하나인 기온 변화와 상품 판매의 관계를 분석하면 어느 정도 상세한 자료를 얻을 수 있다.

기온 1도가 미치는 판매 효과는 물론 상점마다 차이는 있겠지만 비슷한 조건에서는 공통적인 경향이 나타날 것이다. 일본에서 슈퍼마켓을 대상으로 조사를 해보니 다음과 같은 결과가 나타났다.

• 우리나라의 잔치국수 격인 일본식 국수는 하루 최고 기온이 25도가 될 때부터 잘 팔리기 시작해 30도 전후에 절정에 달한다. 그리고 25도를 넘으면 1도 상승할 때마다 15퍼센트 비율로 매출이 증가한다.

• 과즙음료의 경우 최고 기온이 20도를 넘으면 팔리기 시작한다. 25도가 넘으면 1도가 상승할 때마다 약 20퍼센트 비율로 많이 팔린다.

• 사이다는 최고 기온이 18도가 되는 시기부터 팔리기 시작해 25도를 넘으면 잘 팔린다. 이 상품 역시 1도 상승할 때마다 약 10퍼센트 비율로 매출이 늘어난다.

• 미국이 원조인 콜라는 사이다보다 기온의 영향을 더 많이 받는데, 더울수록 잘 팔린다. 25도를 넘으면 매상이 급격히 증가하고, 기온이 1도 올라갈 때마다 약 15퍼센트 비율로 많이 팔린다.

• 다른 음료에 비해 늦게 개발된 캔 커피의 경우 기온이 30도 가까이 되면 갑자기 잘 팔린다. 기온과의 상관관계는 콜라보다 높다. 25도를 넘을 경우 기온이 1도 상승할 때마다 약 18퍼센트 비율로 잘 팔린다.

• 운동선수들이 즐겨 찾는 스포츠 드링크는 최고 기온이 20도를 넘어 23도가 될 때부터 매출이 늘어난다. 이 음료 역시 캔 커피와 마찬가지로 30도 가까이 되면 급격히 팔린다. 그리고 25도를 넘은 후에는 기온이 1도 상승할 때마다 약 8퍼센트 비율로 매출이 늘어난다.

• 맥주 소비량도 날씨와 관계가 깊다. 맑은 날의 소비량을 100으로 치면 흐린 날은 92, 비가 오면 79로 떨어진다고 한다. 맑고 더운 날엔 최고 기온이 1도 올라갈 때마다 맥주 소비량은 4퍼센트씩 증가하는 것으로 나타났다.

이밖에 기온의 오르내림은 원료 생산에도 영향을 미쳐 결국 상품 판매를 주도한다. 미국에서는 여름에 월 평균 기온이 1도

여름철 청량음료 판매는 특정 온도를 기점으로 급격히 더 팔리는 경향을 보인다.

올라가면 옥수수 수확량이 11퍼센트 감소하고, 2도 올라갈 경우 24.2퍼센트 가량 줄어든다.

미국 오클라호마 주의 경우 기온이 1도 상승하고 강수량이 10퍼센트 줄면 밀 생산량이 1에이커 당 1.8부셸(Bushel) 감소한다. 같은 조건에서 러시아의 카자흐 지방은 생산이 20퍼센트 가량 감소하는 것으로 조사되었다. 이 같은 생산량의 감소는 제품 가격을 올려 결국은 판매 부진으로 나타난다.

한 상품의 판매 곡선은 광고나 판촉 등 기업 활동의 결과로 그려지는 한편, 계절이나 날씨의 영향도 심하게 받는다. 판매 곡선을 날씨 변화와 연계시켜 계량화하면 보다 합리적인 기업경영이 가능해질 것이다.

골프장과 스키장 운영에 기상정보를 활용하라

1995년 3월 12일, 일요일이었던 이날 새벽 서울 도심 지역에 10밀리미터 안팎의 비가 내렸다. 별다른 생각 없이 새벽 골프를 치러 중부 내륙의 골프장을 찾았던 사람들은 그 일대에 쌓여 있는 10센티미터의 폭설에 필드에 나가보지도 못하고 눈 구경만 하고 돌아갔다. 같은 날 스키장에 갔던 사람들은 3월에 보기드문 폭설로 하루를 신나게 즐겼다. 중부 내륙지방은 서울보다 남쪽이지만 기온이 낮아지면서 눈이 쏟아지는 바람에 이러한 현상이 벌어진 것이다. 만약 이 곳에도 비가 내렸다면 사정은 달라졌을 것이다.

스키장의 가장 큰 고민은 눈 걱정 없이 시즌을 마칠 수 있는가 하는 것이다. 눈이 많이 내려 스키 시즌이 길어지면 길어질수록 수입이 올라가기 때문이다. 눈이 적을 경우 인공설을 만들어야 하는데, 눈을 만드는 장비를 구입하는 비용이나 이를 가동할 때 드는 전기료, 인건비 등으로 경영 압박을 받는다. 더구나 스키어들이 인공설보다는 천연설을 선호해 더욱 더 눈 내리기를 기다

기상정보를 토대로 인공설 작업량을 결정하면 스키장 운영비를 절약할 수 있다.

리는 것이다.

스키장에서 항상 적당한 적설을 경제적으로 확보하기 위해서는 다음과 같은 방법을 사용하는 것이 바람직하다. 즉, 일기예보를 이용해서 인공설을 만드는 비용을 줄이고, 하늘에서 떨어지는 천연설의 효율을 최대치로 높이는 것이다. 일기예보와 경영학의 기법을 접목시켜 이른바 인공설의 최적 재고시스템을 운영하는 것이다.

스키장에는 항상 1미터의 적설이 있어야 슬로프 컨디션이 가장 좋다. 이 상태를 유지하기 위해서는 기상정보를 토대로 인공설의 작업량을 결정한다. 예를 들어 현재 50센티미터의 눈이 쌓여 있는 상태에서 앞으로 2~3일 내에 30센티미터의 눈이 예상

된다면 인공설 작업을 20센티미터 정도만 하는 것이다.

물론 이러한 결정을 내리기 전에 눈이 올 확률을 알아보고, 또 앞으로의 날씨가 쌓여 있는 눈을 얼마나 녹게 할 것인지를 살펴봐야 한다. 이러한 기법을 한 지역의 스키장에 적용하기 위해서는 그 지역의 기상자료나 지형 등 다른 여건도 고려해야 하므로 적어도 몇 년 동안은 준비가 필요하다. 이러한 최신의 경영기법은 처음에는 여러 가지로 힘이 들겠지만 일단 자리가 잡힐 경우 기대 이상의 진가를 발휘하게 될 것이다.

골프장 경영에 있어서도 날씨 변수를 무시할 수 없다. 앞의 경우처럼 폭설이 내리거나 많은 비가 쏟아지면 코스 보호를 위해 폐장하는 수밖에 없다. 그리고 벼락이 치거나 안개가 짙게 낄 경우에는 손님들이 안전사고를 당하지 않도록 해야 한다. 이를 소홀히 해 사고가 날 경우 상당한 피해배상을 각오해야 한다.

흔히들 벼락을 막는다고 몇 곳에만 형식적으로 피뢰침을 설치하는 것을 볼 수 있는데 이것은 매우 위험한 일이다. 지형 조사를 통해 필요한 곳에 피뢰침을 보강하고, 기존의 그늘집 말고 중간 중간에 영국의 골프장에서 보는 것처럼 웅덩이와 같은 대피장소를 만드는 것이 바람직하다.

또한, 안개가 자주 끼는 골프장은 그 지역의 여건을 조사해 기상학적인 처방을 통해 이를 줄이려는 노력이 필요하다. 예를 들어 안개가 자주 피어오르는 골짜기에는 안개 그물을 설치한다거나 또 골프장에 있는 커다란 호수의 수온을 조절하는 방법을 통해 안개를 줄일 수 있을 것이다.

스키장이나 골프장은 물론 많은 사람들이 모이는 레저시설은 설계 때부터 사전에 기상조사를 실시해 날씨에 따른 안전사고에 대비해야 한다. 그리고 완공 후에도 계속적인 기상 서비스를 제공해 시설을 이용하는 고객들에게 가장 쾌적한 상태를 보장해 주어야 할 것이다.

섭씨 30도가 넘으면 아이스크림보다 청량음료를 더 찾는다

계절이 바뀌고 날씨가 변하면 의식주를 비롯한 모든 생활환경이 달라지진다. 이에 따라 사람들의 소비활동도 계절의 진행과 더불어 규칙적인 양상을 띠게 된다.

일반적으로 계절상품의 수요는 기상요소 중에서도 기온과 가장 관련이 깊다. 쉽게 말해서 날씨가 더운 여름철에는 에어컨이 잘 팔리고, 추운 겨울에는 난방기구가 인기 상품이 되는 것이다. 그러나 소비자는 여름이 서늘하거나 겨울에 이상난동 징후가 보이면 상품 구매를 보류하고 기상의 흐름을 주시한다. 이처럼 소비자들은 기상 상태에 민감하기 때문에 판매자 입장에서도 기상 변화를 미리 알고 대응해야만 경쟁자를 제치고 성공을 거둘 수 있을 것이다.

우리나라와 비슷한 기상 흐름을 보이는 일본에서 조사한 바로는 기온이 상품 판매에 상당한 영향을 미치는 것으로 나타났다.

최고 기온이 섭씨 18도가 되면 청량감을 주는 유리그릇이 잘 팔리고, 섭씨 19도가 되면 반소매 셔츠가 팔리기 시작한다. 섭씨

특정 기온에 잘 팔린 상품을 데이터베이스화 해 두면 판매에 도움이 된다.

19도가 되었을 때 셔츠를 사러 온 손님들이 어느 메이커의 어떤 무늬를 주로 샀는가를 살핀 다음, 이를 판매에 적용한 결과 상당한 효과를 거둔 사례도 있었다. 이것은 기온이 올라갔기 때문에 팔렸다는 단순한 사고방식이 아니라, 섭씨 19도가 되었을 때 소비자가 지향하는 심리를 활용하는 기법이다. 그 기온일 때 팔린 상품을 조사해 여러 가지 분석을 한 다음, 이를 근거로 상품을 판매하면 손실이 적은 만큼 돌아오는 이익이 클 수밖에 없다. 이러한 방법을 데이터베이스 마케팅이라고 한다.

에어컨은 낮 최고 기온이 섭씨 20도가 되면 팔리기 시작한다. 대체로 5월부터 초여름 같은 더위가 계속되는 해의 에어컨 판매 실적이 매우 좋다. 반대로 5월에 신록한파가 닥쳐오고, 6~7월에 장마가 뚜렷하면 에어컨 매출은 부진을 면치 못한다.

낮 기온이 섭씨 25도가 되면 진정한 여름이 시작된다. 시기적으로는 장마가 걷히기 바로 직전이다. 이 때부터 냉국수, 아이스크림, 주스, 보리차가 잘 팔린다. 섭씨 26도가 되면 벌레가 늘어나기 때문에 살충제가, 27도가 되면 수박이 잘 팔린다. 이 때는 마침 초등학교가 여름방학에 들어가는 시기여서 파라솔도 잘 팔리고, 30도를 넘으면 정제얼음이나 샤베트가 잘 팔린다.

아이스크림은 더울수록 잘 팔린다고 할 수 없다. 슈퍼마켓에 진열된 한 아이스크림의 매출과 낮 기온의 상관관계를 살펴보니 25도에서 30도까지는 기온이 높아질수록 매출이 늘어났지만 30도를 넘으면서 거꾸로 잘 팔리지 않았다. 30도가 넘으면 수분이 많은 상품이 인기여서 빙수나 샤베트가 잘 팔리고, 지방이 많고 수분이 적은 아이스크림은 잘 팔리지 않는다.

낮 기온이 30도를 넘으면 수영복을 눈에 잘 띄는 곳에 전시하기도 하고, 눈 소식이 있으면 스키복이나 스키 용구를 가게 입구 가까이 진열한다. 소비자는 기상에 민감하게 반응하며 소비 패턴을 정하기 때문에 판매하는 쪽에서도 그에 맞는 판매방식을 구사하지 않으면 안 된다. 기상변화를 주시하면 소비자의 구매 심리를 어느 정도 파악할 수 있다. 그 뒤에 자신이 취급하는 상품의 판매 패턴과 날씨를 연관시켜 분석하면 의외로 훌륭한 '마케팅 지표'를 얻게 될 것이다.

과일의 단맛을 좌우하는 자외선

한여름이 가까워지면 바깥에서 2~3시간만 햇빛을 쬐도 피부가 불그스레해진다. 또 책장에 꽂혀 있는 책 중에서 햇빛이 오랫동안 닿았던 부분은 색이 바랜 것을 볼 수 있다. 이 같은 현상은 햇빛 속에 있는 자외선의 작용 때문에 나타나는 것이다.

일반적으로 자외선은 5월부터 9월 사이에 강하고, 하지인 6월 21~22일쯤에 가장 세다. 수정으로 된 프리즘 분광기에 햇빛을 비추면 보통 일곱 색깔 무지개가 나타난다. 이것을 우리는 가시광선이라고 부른다. 과학적으로는 가시광선보다 파장이 긴 쪽에 적외선이라는 열선이 있고, 보라색보다 파장이 짧은 쪽에 자외선이 있는데, 자외선은 적외선과 마찬가지로 우리 눈에 보이지는 않지만 화학작용이나 살균작용, 또는 표백작용 등을 한다.

햇빛에 노출된 책이나 물건의 색이 바래는 것은 바로 자외선의 표백작용 때문이다. 또 자외선은 살균작용도 하는데, 여름철에 습기 찬 이불이나 옷을 햇빛에 말리는 것은 물론 습기를 없앤다는 이유도 있지만, 일광 소독을 통해서 이불이나 옷 속에 묻어 있는 병원균을 제거하기 위한 것이다.

대장균이나 디프테리아균, 이질균은 자외선을 1분 간 1제곱센티미터당 100마이크로와트만 쬐도 99퍼센트가 죽는다고 하니 대단한 살균효과를 가지고 있음을 알 수 있다.

이밖에도 자외선은 곰팡이 검출이나 보석류 감정, 고문서 감정, 그리고 범죄 수사에도 쓰이는 등 광범위한 분야에 이용된다. 그러나 자외선은 사람의 눈에는 유해하기 때문에 한여름철의 강렬한 햇빛 아래서는 선글라스나 모자를 써서 눈을 보호하는 것이 좋다. 자외선은 또 호흡기병이나 피부병에 좋은 효과를 나타내기 때문에 의학에서는 대단히 중요시 한다. 하지만 자외선을 많이 쬐면 피부가 빨리 노화되고 피부암까지 유발할 수 있다. 더구나 최근에는 오존층이 파괴되면서 더 많은 양의 자외선이 지구상으로 날아들고 있어 그 위험성이 매우 크다. 이밖에도 자외선은 갈색의 멜라닌 세포를 많이 만들어 기미, 주근깨의 원인이 되기도 한다.

이처럼 여러 작용을 하는 자외선은 식물의 성장과 결실에도 많은 영향을 끼친다. 일반적으로 자외선의 양은 저지대나 도시 지역보다는 고산지대나 해안지방에 많은데, 고산식물은 자외선 때문에 그 모습이 특이해지는 것이다.

한 실험에 따르면 정상량 이상의 자외선을 식물에 쬘 경우 줄기가 짧아지고, 잎의 면이 축소되며, 식물의 내부 구조도 변하는 것으로 나타났다. 그 결과 뿌리가 발달하고 저장물이 증가하는

가뭄 때 과일이 달다는 것은 그만큼 햇빛을 많이 쬐었기 때문이다.

것이다.

자외선은 특히 과일의 성숙에 좋은 영향을 준다. 과수류의 성숙기에 자외선 양이 감소하면 당분의 농도가 적어진다. 흔히들 '가물 때 과일이 달다'는 속설이다. 가물다는 것은 바로 햇빛을 많이 받을 수 있다는 말과 같다. 반대로 장마철이 길어지면 수박이나 참외 등 여름과일 맛이 없어지는 것은 그만큼 햇빛을 받는 양이 줄어들기 때문이다.

따라서 과일의 성숙기에는 자외선을 잘 쬘 수 있도록 필요 없는 잎이나 가지 등을 쳐 주는 것이 좋다. 온실 속 식물들은 줄기가 가늘고 길게 자라는 경향이 있는데, 이것은 자외선 결핍 때문이다. 자외선은 유리를 통과하지 못하므로 날씨가 좋은 날은 온실 안에 있는 식물들을 밖으로 내놓아 햇볕을 쬐도록 해 주어야 한다.

이밖에 자외선의 화학작용을 이용해서 과일의 표면에 무늬나 기호를 넣는 방법이 개발되었는데, 일종의 상표 역할을 하고 있다고 볼 수 있다. 이처럼 자외선을 연구해서 여러 분야에 적용한다면 의외로 좋은 효과를 거둘 수 있을 것이다.

빌딩 바람이 길 가던 사람을 날린다?

서울에서도 고층 빌딩이 숲을 이루고 있는 광화문이나 강남 지역을 걷다 보면 어느 날 이상한 일이 벌어지는 것을 목격할 수 있다. 하늘도 청명한 오후에 바람 낌새가 전혀 없었는데 어디선가 갑자기 거센 바람이 분다.

이 바람이 상점 간판을 날리는가 하면, 진열대를 부수기도 하고, 빌딩 사이에 걸려 있는 현수막을 찢기도 한다. 심지어는 지나가는 행인을 날리게 해서 교통사고가 발생하거나 낙상하게도 한다. 이 바람의 풍속은 순간적으로 초속 20미터가 넘어 웬만한 태풍급에 비견할 수 있다. 바로 이러한 바람을 '빌딩 바람' 이라고 한다.

한 건축 전문지에 따르면 이 같은 빌딩 바람에 의한 환경 문제는 이미 영국, 미국, 캐나다, 일본, 호주 등 외국에서는 오래 전부터 사회 문제로 취급되고 있다. 더욱이 최근 건축물의 고층화, 대형화 추세가 빨라짐에 따라 '빌딩 바람' 에 의한 인명 및 재산 피해가 속출하고 있다. 때문에 이들 국가의 대도시 중 상당수는

바람 낌새가 전혀 없던 청명한 날에 갑자기 고층빌딩 사이로 부는 거센 '빌딩 바람'을 조심해야 한다.

환경영향평가 기준에 풍해에 관한 조항을 삽입해 건물 신축 계획 단계부터 충분히 검토할 것을 의무화하고 있다.

빌딩 바람에 의한 환경 장해가 처음 보고된 것은 지난 1964년 영국에서였다. 그 후 1975년까지 관계 당국에 접수된 풍해에 관한 조사 의뢰만도 수백 건에 이른 것으로 알려졌다. 일본의 경우 이 같은 풍해로 인한 법적 분쟁이 1968년~1973년에만 무려 344건에 이르렀다는 통계도 있다.

풍해 해결에 대한 실례로는 영국 세인트 조지 하우스의 경우를 살펴보면 유용하다. 세인트 조지 하우스는 높이 75미터, 세로 18미터의 남북으로 가늘고 길게 늘어선 사무실용 건물로, 남북 양단에 동서로 길다란 저층의 상가 건물이 형성돼 있다. 지난

1964년 준공과 동시에 이 건물의 통로와 상점가에 빌딩 바람이 문제로 등장함에 따라 영국의 조사기관에서 풍동실험을 실시했다. 그 결과 통로에 스크린 '바람막이'를 설치해 동쪽으로 부는 강풍을 방지하고, 다른 방향의 바람에 대해서는 상점가에 지붕을 씌우도록 권유해 풍해문제를 해결했다는 것이다.

우리나라도 1988년 서울 올림픽 이후 대도시에 고층건물이 크게 늘어나면서 풍해에 대한 연구와 대비를 하고 있다. 도시 바람의 피해 때문에 일부 국가에서는 '고층건물풍해대책위원회'라는 기구까지 설치하고 있다.

미국 사람들은 빌딩 바람을 '먼로 바람'이라고 부른다. 먼로는 미국의 유명한 여배우 마릴린 먼로를 말한다. 마릴린 먼로가 〈7년 만의 외출〉이라는 영화에 출연했을 때 보인 멋진 장면을 기억할 것이다. 지하철 환기통으로부터 올라온 바람에 의해 먼로의 스커트가 마치 나비처럼 날리는 장면인데, 영화 팬이라면 모두 아는 명장면이다. 여기에서 '먼로 바람'이라는 이름이 유래했다. 우리나라에서도 1980년대 이후 지하철 운행과 더불어 이런 현상이 자주 일어나곤 한다.

도시에서는 순간적인 빌딩 바람 말고도 도시 자체의 열 수지나 건물의 배열 상태로 인해 매우 불규칙한 바람이 분다. 서울의 광화문 네거리를 중심으로 설명해 보자. 바람이 남산에서 옛 중앙청 쪽으로 불거나 북악산에서 남산 쪽으로 불면 세종로에 늘어선 고층건물이 통로 역할을 해 그 바람이 더욱 세어진다. 이것은 넓은 운동장에 비가 올 경우 운동장 한 쪽에 도랑이 파여 있으면 도랑을 따라 물이 모이고 급기야 물살이 빨라지는 원리와 같다.

도시 바람은 빌딩과 빌딩 사이에만 부는 것이 아니고, 고가도로나 터널 입구, 출구 등에서도 갑자기 분다. 따라서 이런 장소를 지날 때는 순간적인 돌풍까지 미리 생각해서 안전사고에 대비해야 한다.

도시화와 이상기온 발생은 정비례

도시가 점차 발달함에 따라 주택 부족과 범죄 등 사회 문제가 발생하고, 기상을 비롯한 환경조건도 인위적으로 변하면서 여러 가지 부작용이 나타나고 있다. 특히 대도시 지역의 기상조건이 급격히 달라지면서 질병 발생과 일조권, 난방 시기 등의 문제가 매우 심각하다.

우리나라의 큰 도시들은 대부분 사방이 산으로 둘러싸여 있는 분지 지형에 위치한 경우가 많다. 대도시의 인구 집중화 현상이 가속되면서 이제는 높은 산중턱까지도 집들이 꽉 들어 차 있다. 서울의 경우 이러한 집의 위치는 평지에 있는 집보다 100미터 이상 높은 상태로, 쉽게 말해서 여의도에 있는 63빌딩 옥상 높이 되는 곳에도 집들이 많이 있는 셈이다.

그런데 바로 이 높이쯤에 사는 주민들 중에 이유 없이 머리가 자주 아프고, 몸이 무거운 데다 현기증까지 나는 경우가 있다고 호소하는 사례가 있다. 이것을 조사해 본 결과 도시 상공의 특수한 기상조건으로 대기오염이 산중턱 높이에 집중되는 시기가 있기 때문인 것으로 밝혀졌다.

기상학자들은 이것을 '산복 온난대 현상'이라고 부른다. 일반적으로 지표면이 따뜻하고, 높이 올라갈수록 기온이 낮아지는 대기조건에서는 먼지나 오염물질이 한 곳에 쌓이지 않고 사방으로 퍼져 나간다. 그러나 산중턱 높이의 기온이 오히려 지표면 부근의 기온보다 높은 이른바 '기온 역전층'이 형성될 때는 사정이 달라진다. 역전층이 형성되면 그 높이에 각종 오염물질이나 먼지 등이 몰려들어 오히려 오염물질을 배출한 지상보다도 공기가 더 나빠지게 된다. 이 때문에 산 중턱에 사는 주민들이 신체적인 고통을 호소하게 되는 것이다.

도시에서는 햇볕을 쬘 권리인 일조권마저 침해를 받는 경우가 많이 있다. 이 현상 역시 도시화에 따라 수십 층 되는 고층건물이 들어서면서 나타나기 시작했다. 일조권 시비는 우리나라에서도 서울 등 대도시 지역에서 심심치 않게 일어나는 분쟁이다. 일조권 침해는 태양의 고도가 낮은 겨울철에 더욱 심각하다. 겨울에는 햇빛의 양이 절대적으로 부족한 데다 옆 건물에 의해서 햇빛이 차단되는 비율도 더욱 높기 때문이다. 햇빛을 많이 받지 못하는 건물의 경우 난방비가 더 들고 항상 습하기 때문에 위생상 문제가 있어 거주하는 사람의 건강까지 위협을 받는다.

이밖에 도시에서는 지역에 따라 기온 차이가 커서 난방이나 냉방 시기를 결정하는 데 어려움이 많다. 한 조사에 따르면 도시 곳곳에서 기온을 재 본 결과 무려 섭씨 5도의 차이가 났다. 대체

분지 형태의 지형에 자리잡은 서울. 지역에 따라 7~8도 이상의 기온 차가 나타날 것으로 추정된다.

로 도심이나 공장지역이 변두리보다 4~5도 가량 높은 것으로 분석된다. 서울처럼 인구 천만 도시의 경우 지역에 따라 7~8도 이상의 기온 차이가 날 것으로 추정된다. 이는 아파트나 공장에서 발생하는 인공열과 시멘트, 아스팔트로 덮여 있는 도시가 열을 오래 간직하기 때문으로 보인다. 이러한 현상들은 도시화가 진행될수록 심해진다. 때문에 도시에서 건강한 생활을 영위하기 위해서는 현재 자신이 거주하고 있는 지역에 어떤 기상현상이 나타나는지 면밀히 살펴 볼 필요가 있다.

대지의 여드름과 교통사고

한겨울철에 아스팔트 길 가운데가 볼록 솟아오르는 경우가 있다. 그러다가 추위가 풀리면 이 부분이 가라앉아 도로 표면이 들뜨게 된다. 이러한 현상이 겨우내 반복되다가 봄이 오면 아스팔트가 갈라지거나 커다란 웅덩이가 만들어진다. 결국 도로 상태가 엉망이 되어 교통사고의 위험이 높아지는 것이다. 이처럼 도로가 갈라지고 웅덩이가 파이는 것은 바로 '서릿발'이라는 자연현상의 작용 때문이다. '서릿발'은 기상현상으로 흔히 보는 '서리'와는 전혀 다르다. 한자로는 서리 상(霜)자와 기둥 주(柱)자를 써서 상주(霜柱)라고 부른다. 얼음기둥이나 서리기둥이라는 의미로 생각하면 된다.

서릿발의 생성 원리는 다음과 같다. 추운 겨울에 땅 표면 가까이 있는 수분들은 지면에서 모두 얼어붙게 된다. 이 때 날씨가 더 추워지면 땅 속 깊숙이 있는 수분까지 모세관 현상에 의해 지면 쪽으로 올라오면서 얼어붙게 된다. 그래서 맨 처음 얼었던 부분이 위쪽으로 밀려 올려지는 것이다. 이러한 현상이 계속 반복되

아스팔트가 갈라지거나 커다란 웅덩이를 만드는 등 다양한 문제를 일으키는 서릿발.

면 작게는 몇 센티미터짜리 바늘 모양부터 크게는 1미터가 넘는 유리막대 모양의 수많은 서릿발들이 만들어진다. 처마에 매달린 고드름이 커지는 것처럼 땅 속의 서릿발이 점점 커지면 지면이나 심지어는 아스팔트로 포장된 도로까지 들어 올리는 것이다.

요즘도 겨울철에 농촌에 가면 보리밭을 밟는 광경을 종종 볼 수 있다. 이것은 서릿발로 들뜬 지면을 눌러 주어서 보리가 잘 자라도록 해 주는 작업이다. 만일 보리밭에 서릿발이 생기면 보리 뿌리가 땅 속 흙에 자리 잡지 못하고 땅 속 빈 공간에 놓이게 된다. 그러면, 뿌리는 흙 속에 있는 영양분과 수분을 섭취하지 못해서 결국 죽게 된다.

서릿발은 보통 검붉은 색깔을 띠는 황토질 땅에서 잘 생긴다.

그리고 점토질이나 모래 땅 같은 곳에서는 거의 생기지 않는다. 서릿발은 땅 속 수분 함량이 50~70퍼센트일 때 가장 잘 형성된다.

서릿발이 심할 땐 집이나 담을 무너뜨리고 철로도 휘게 한다. 우리보다 추운 한대 지방에서는 수십 년 묵은 고목이 서릿발 때문에 쓰러지기도 한다. 그래서 그곳 사람들은 이 현상을 '술 취한 나무' 라고 부른다. 또 서릿발 때문에 지상에서 2미터 높이까지 땅이 솟아오르기도 하는 지방도 있다. 이것을 마치 얼굴에 여드름이 난 것과 비슷하다고 해서 '대지의 여드름' 이라고도 부른다.

서릿발은 농작물에 피해를 주고, 도로는 물론 집이나 담이 붕괴되는 사고의 직접적인 원인이 되기도 한다. 특히, 겨울철에는 길바닥이나 담벼락에 함부로 물을 버릴 경우 서릿발 피해를 입을 가능성이 높으니 조심해야 한다.

해빙기 사고, 방심하면 당한다

2월은 아침 저녁으로 꽤나 춥지만 한낮이 되면 제법 날씨가 풀려서 두꺼운 겨울 외투가 거추장스럽다는 느낌이 든다. 그리고 낮에는 곳곳에 쌓여 있던 눈과 얼음이 빠른 속도로 녹는다. 이 때문에 이러한 현상이 벌어지는 2월을 일컬어 해빙기라고 부른다.

해빙기에는 얼음판이 꺼지고 축대가 무너지는가 하면, 산사태가 일어나는 등 안전사고의 위험이 높다. 멀쩡하던 얼음판이 갑자기 꺼지면서 사람이 물에 빠지는 안전사고는 해빙기의 가장 전형적인 사고 유형이다. 입춘이 막 지난 이후에도 종종 하천에서 놀던 어린아이가 얼음판이 깨지면서 물에 빠지는 사고가 나거나 저수지에서 낚시꾼이 실종되는 사고가 일어나기도 한다.

얼음판에서 두꺼운 얼음이 녹는 경우를 자세히 살펴보면, 중앙보다 물에 접해 있는 면이 먼저 녹기 시작한다. 얼음판을 떼내서 엎어 놓았을 때 밑바닥에 수많은 요철이 형성되어 있으면 얼음이 녹고 있다는 신호다. 해빙기에는 얼음판이 상당히 두껍다

얼음낚시를 할 때는 얼음구멍을 뚫어보고 얼음판과 수면 사이의 간격을 확인한 다음 사람들이 한 곳에 많이 몰리지 않도록 주의해야 한다.

하더라도 밑바닥이 녹아서 수면과 단 몇 센티미터만 떨어져도 갑자기 얼음판이 갈라지는 현상이 나타난다. 따라서 얼음낚시를 할 때는 얼음구멍을 뚫어보고 얼음판과 수면 사이의 간격을 확인한 다음 사람들이 한 곳에 많이 몰리지 않도록 주의해야 한다.

얼음판이 깨지는 사고 다음으로 해빙기에 빈번히 일어나는 사고는 축대나 담이 무너지고, 언덕 위에 있던 큰 바위가 갑자기 굴러 떨어지는 것이다. 축대나 담을 떠받치고 있던 땅이 겨울 동안 얼고 녹는 과정을 되풀이하면서 지반이 약해져 결국 무너지게 되는 경우다. 또, 돌이나 바위가 많은 산에서 이따금씩 직경 수 미터가 넘는 바위 조각이 떨어져 나와 산 아래에 있는 집이나 시설물을 덮쳐 피해를 주기도 한다. 이 현상 역시 거대한 바위

틈새로 흐르던 물이 추위가 주기적으로 올 때마다 얼고 풀리는 과정을 되풀이하다가 결국 틈새를 크게 벌려 놓게 되면서 바위가 아래로 굴러 떨어지는 것이다. 이 같은 사고는 한난(寒暖)의 차이가 심한 겨울일수록 많이 발생한다.

해빙기가 되면 사람들은 겨울 동안 움츠렸던 몸과 마음을 펴고 기분 전환을 하기 위해 산을 많이 찾는다. 등산 전문가들에 따르면 해빙기의 산행은 오히려 한겨울 등산보다 더 많은 위험 요소가 있다고 한다. 그 이유는 날씨 변화가 심하고, 땅의 상태가 불분명하며, 등산하는 사람들의 마음이 해이해지기 때문이라고 한다.

해빙기에는 한겨울과 달리 산사태 못지 않은 '바닥 눈사태' 라는 돌변기상이 나타나 피해를 주기도 한다. 따뜻한 햇볕에 눈이 녹으면서 그 물이 땅바닥까지 흥건히 적시게 되면 눈이나 땅이 심하게 물러지게 되는데, 이 때 눈사태가 나면 땅 표면에 있던 흙과 모래까지 쓸어가면서 산사태가 일어나는 것이다. 이밖에도 따스한 햇살로 땅 표면이 풀림에 따라 위치가 불안정한 바윗덩어리가 굴러 떨어지는 사고도 가끔 일어난다. 한낮에 산에 오를 때는 땅이 질어서 미끄러질 위험이 높고, 수은주가 영하로 떨어지는 아침과 저녁에는 땅이 살짝 얼어붙어서 미끄러지는 사고를 당할 수도 있다. 또, 가파른 곳을 올라갈 때 무심코 작은 나뭇가지나 풀 포기를 잡는 경우가 있는데 이 때도 땅이 풀려 있기 때문에 나뭇가지나 풀 포기가 쉽게 뽑히면서 붙잡은 사람이 굴러 떨어지게 된다.

평균적으로 볼 때 서울과 중부지방은 3월 중순까지 아침 기온이 영하로 떨어지면서 해빙기 현상이 나타나고, 산악지방의 경우 4월 중순까지도 해빙기 현상이 나타난다.

날씨 따라 널 뛰는 선거판

날씨는 어렵게 준비한 행사의 성패를 좌우하는 중요한 변수가 되기도 한다. 특히 야외 행사일수록 그 영향을 크게 받는데 선거에서도 투표율은 물론 심지어는 개표 결과에까지 영향을 끼쳐 당락이 뒤바뀌는 사례까지 있다. 이 때문에 선거를 치르는 사람들은 날씨를 아주 중요하게 여긴다.

한겨울과 봄에 치르는 선거는 상식적으로 생각해도 그 결과에 어느 정도 차이가 있다. 투표 당일의 날씨는 투표율에 결정적인 영향을 미치게 된다. 예를 들어 미국의 경우 별다른 문제점이나 과열 경쟁이 없다면 맑은 날보다 비 오는 날의 투표율이 15퍼센트 정도 떨어진다고 한다. 이밖에 날씨가 갑자기 추워져도 투표율이 떨어지는데, 예년 기온에 비해 5도 정도 내려가면 투표율도 5퍼센트 정도 낮아진다. 이처럼 선거 당일의 날씨가 유권자들의 투표 심리에 꽤나 큰 영향을 미친다. 일반적으로 봄, 가을의 화창한 날씨에는 청년층이나 정치 성향이 불분명한 중산층의 기권율이 높다. 이들은 날씨가 좋을 때는 선거보다는 가족 나들이를 즐기는 경향이 있기 때문이다.

한편, 폭설이나 폭우 등으로 날씨가 나쁠 때는 산간 오지 주민들이나 노년층, 노약자들의 기권율이 높아지기 때문에 상대적으로 보수적인 당이 불리하게 된다. 미국 대통령 선거에 '리퍼블리컨 블루' 라는 말이 있다. 이것은 선거날 날씨가 쾌청하면 공화당이 승리하고, 반대로 날씨가 우중충하거나 을씨년스러울 때는 민주당이 승리할 가능성이 높다는 말이다. 이는 선거 당일의 날씨에 따라 각 정당을 지지하는 계층의 투표 참가 양상이 현저하게 달라지는 데서 오는 현상이다.

미국 민주당의 경우 지지층이 주로 인텔리 계층과 서부, 남부의 농민들이라고 하는데, 이들 계층은 날씨가 좋을 때는 선거보다 나들이나 농사일에 관심이 많기 때문에 공화당이 상대적으로 유리하다는 이야기다.

선거가 많은 미국에서는 기상심리학이 고도로 발달돼 있다. 이를 테면 투표하는 날 눈이나 비가 많이 올 경우에는 이미 이름이 널리 알려진 보수파 후보가 당선될 가능성이 높다는 것이다. 왜냐하면 전통적으로 선거 참여 의식이 강한 장년이나 노년층은 눈길이나 빗길을 아랑곳하지 않고 투표장엘 가는 데 반해, 청년층의 경우 기권율이 높아져 결국 보수 성향의 후보가 유리하다는 결론이다. 또한, 날씨가 나쁠 경우에는 조직표를 많이 가진 사람이 대중적인 인기를 지닌 사람보다 더 유리하다. 조직표의 경우 날씨가 좋든 나쁘든 투표에 참가해 찬성표를 던지지만, 개

투표소 앞에 줄 선 유권자들. 작은 표 차이로 승패가 갈리는 선거에서 날씨는 가장 중요한 변수다.

인적 인기에 의존하는 사람들은 궂은 날씨일 때 부동표의 기권율이 높아져 상대적으로 불리해지기 때문이다.

아무튼 나쁜 날씨는 정치적으로 무관심한 계층의 기권율을 증가시키기 때문에 부동표를 흡수하는 정당은 그만큼 불리해진다. 치열한 선거일수록 작은 표 차이로 승패가 갈린다. 특히, 자유롭고 민주적인 선거일수록 날씨가 선거에 미치는 영향은 더욱 커질 것이다. 기상정보를 잘 활용해 유세 일정을 정밀하게 짜고, 날씨심리학을 연구해서 맞춤형 선거를 치르는 것이야말로 현대 정당의 필수적인 선거전략이라 하겠다.

태풍의 눈은 고요하다

사람들이 태풍의 모습을 보기 시작한 것은 지난 1960년 세계 최초의 기상 위성이 지구 상공으로 쏘아 올려진 때부터다. 이 때 사람들은 구름 사진을 통해서 웅장하고도 아름답게 보이는 동그란 태풍의 실체를 확인했다.

우리나라에 찾아오는 태풍(Typhoon)은 북서 태평양 및 남지나해에서 발생하는 열대 저기압 가운데 중심 부근의 최대 풍속이 초속 17미터 이상인 것을 말한다. 세계의 다른 지역에서도 열대성 저기압이 발생하는데, 대서양에서 발생해 멕시코, 미국, 캐나다 등에 피해를 주는 허리케인, 인도양의 사이클론, 호주 부근 해역의 윌리윌리 등이 있다.

우리나라에 영향을 주는 태풍은 세계에서 가장 깊은 바다인 메리아나 해구 등이 포함된 드넓은 북서 태평양에서 만들어진다. 연 평균 28개 정도 발생하는 태풍은 태어난 지 3~4일이 지나면 구름 사진에서 보는 것처럼 동심원의 구름 소용돌이가 된다. 그 다음 서쪽으로 움직여 필리핀이나 중국 쪽으로 가면서 서서히 북상해 우리나라에 영향을 준다.

한반도를 덮고 있는 태풍 루사의 위성사진.
(사진 출처 : Wikimedia Commons)

태풍은 태어나서 중심 부근의 풍속이 초속 17미터 이상으로 발달하면 이름이 붙는다. 태풍의 이름은 태풍과 관련된 14개 당사국이 5개씩 미리 제출한 이름 70개를 준비했다가 그 해 발생 순서에 따라 붙인다. 1978년 이전에는 태풍에 여성용 이름을 붙이기도 했지만 그 후에는 남성과 여성 이름을 번갈아 쓰기도 했다. 그러나 요즘은 각 나라에서 제출한 다양한 형태의 이름을 사용한다. 현재 우리나라가 제출한 이름 5개는 '제비', '너구리', '고니', '메기', '독수리' 이다. 우리 국민들에게 잘 알려진 태풍이름으로는 '사라', '셀마', '애그니스', '매미', '루사' 등이 있다.

구름 사진에서 태풍을 보면 중심 부근에 작은 구멍이 있는 것을 발견할 수 있다. 이것이 바로 태풍의 눈으로, 격렬한 폭풍우의 집합체인 태풍에서 유일하게 날씨가 좋은 구역이다. 태풍의 눈은 반경이 20~100킬로미터 정도가 되며, 자기가 있는 지역이 태풍의 눈에 들어 있을 땐 밤하늘의 별을 볼 수 있다. 이따금씩 열대지방의 새가 태풍의 눈에 갇혀 우리나라까지 이동해 오는 경우도 있다.

태풍은 직경이 보통 1,000킬로미터가 넘어 한반도를 덮고도 남으며, 큰 것은 직경이 1,500킬로미터나 되는 것도 있다. 공기의 거대한 소용돌이인 태풍은 1945년 일본 나가사키에 투하된 원자폭탄의 1만 배가 넘는 에너지를 가지고 있는 것으로 분석된다. 또한, 태풍이 뿜어내는 비바람의 강도는 웬만한 화산 폭발의 열 배 정도 위력이 있는 것으로 추정된다. 이 같은 태풍이 지나갈 때 홍수, 산사태, 해일 등 각종 자연재해가 나타나는 것은 물론 이따금씩 열대지방 특유의 괴질이 발생해 가축이나 농작물 등에 피해를 주기도 한다.

지진이 감지되면 전기와 가스부터 끊어라

2016년 9월 경주 지진으로 우리나라도 지진에 대한 경각심이 크게 높아졌다. 이제 우리나라도 지진 안전지대가 아니라는 점이 확실해졌기 때문에 내진 설계 등 철저한 대비가 요구된다.

지난 1995년 1월에 이웃나라 일본 고베에서 발생한 대지진은 아직도 우리의 기억에 생생하다. 이 지진으로 5천여 명이 목숨을 잃고 막대한 재산 피해가 났다. 일본의 노무라종합연구소에 따르면 고베 지진 때 당시 우리 돈으로 64조 원에 이르는 막대한 피해가 났는데, 이는 일본에서 발생하는 연간 자연재해 피해액의 8배에 해당된다. 지진이 발생하자마자 우리나라를 비롯한 세계 각국에서 구호 물품을 전달하고 복구작업을 도와 주었다.

고베 지진은 세계 경제에도 많은 영향을 미쳤다. 일본과 교역량이 많은 우리나라도 업종에 따라 희비가 엇갈렸다. 왜냐하면 지진의 최대 피해 지역인 고베 항은 우리나라 수출 물량의 20퍼센트를 담당하는 중요한 곳이기 때문이다 고베는 세계적으로 석유화학, 반도체, 철강산업 등이 유명한데 이러한 산업들이 피해를 봄에 따라 다른 나라에까지 영향을 미쳤다.

이처럼 지진이 미치는 영향은 엄청나지만 현대 과학으로도 예측이 거의 불가능하다. 고베 지진이 발생하기 하루 전에 인근 바다에서 물고기가 떼죽음을 당해 물 위로 떠오르고, 바다가 갈색으로 혼탁해진 것을 어부들이 발견했다고 한다. 이것은 옛날부터 내려오는 지진 예측 방법과 유사한 점이 있다. 즉, 옛날부터 일부 민족들은 주변 동물의 움직임을 관찰해 지진 피해를 막으려고 했다. 예를 들어 소나 양, 닭처럼 집에서 기르는 동물이 갑자기 우리를 뛰쳐 나오고, 개들이 이유 없이 짖어댄다면 큰 지진이 일어날 징조라 여기고 대비하는 식이다. 실제로 지난 1975년 중국에서는 이 방법을 이용해 주민들을 대피시켜 사전에 재앙을 면했다는 일화도 있다.

지진은 때와 장소를 가리지 않고 발생하기 때문에 더욱 불안하다. 따라서 항상 지진피해를 막기 위한 준비가 돼 있어야 한다. 지진이 일어나면 곧이어 전기나 가스에 의한 화재가 발생한다. 중요한 것은 지진에 의한 직접적인 피해보다 화재에 의한 손실이 더욱 큰 것이 보통이다. 따라서 지진이 발생했을 때 가장 먼저 해야 할 일은 당황하지 말고 침착한 행동으로 화재를 막는 것이다. 그러기 위해서는 지진 발생과 동시에 전기 스위치를 꺼야 하고, 각종 난로나 곤로 등의 발열물을 빨리 치워야 한다.

지진은 워낙 순식간에 발생하는 자연재해이기 때문에 평소에 몇 가지 준비를 해 두는 것이 바람직하다. 우선 휴대용 라디오와

1995년 1월 일본 고베를 강타한 지진으로 5천여 명이 목숨을 잃었다.
(사진 출처 : Reuters)

손전등, 그리고 구급 의약품이 들어 있는 비상용품 가방을 항상 가까이 두는 게 좋다. 또 대피로를 미리 확인해 두고, 유사 시 걸어서 대피해야 한다. 지진이 심하면 미처 대피소까지 못 가는 경우가 있다. 고베 지진 때 많은 피해자가 자신의 집에서 그대로 재난을 당했는데 노약자나 어린이가 대다수였다. 이 때문에 다시 복구작업을 할 때는 집에 방 하나라도 대피소처럼 철저히 설계해 만약의 사태에 대비하자는 계획도 있었다. 지진은 다른 자연재해와는 달리 단 10초의 여유도 주지 않고 갑자기 발생하기 때문에 많은 피해가 나게 마련이다. 따라서 첨단의 센서 등을 활용해 긴급 상황이 벌어질 경우 가장 신속한 동작으로 2차 피해를 막을 수 있도록 대비해야 한다.

달리는 열차까지 들어올리는 회오리바람

회오리바람 현상은 우리 주변에서 흔히 볼 수 있다. 어디서 왔는지도 모르게 갑자기 바람이 휙 불면서 뽀얀 먼지를 일으키는 현상이 바로 회오리바람이다.

토네이도(Tornado)는 평균 지름이 250미터 가량 되며 높이가 수백 미터나 되는 거대한 회오리바람이 불면서 동시에 천둥, 번개가 치고 엄청난 소나기까지 동반하는 격렬한 폭풍우라고 보면 된다. 토네이도의 풍속은 어떤 경우 측정이 불가능할 때도 있다. 왜냐하면 엄청나게 빠른 바람으로 풍속계 자체가 풍압을 이겨내지 못하고 터지기 때문이다. 추정된 결과에 따르면 토네이도의 평균 풍속은 초속 100미터에서 200미터 정도이고, 가끔은 초속 300미터 정도의 가공할 만한 것까지 나타난다. 이는 보통 태풍의 10배에 해당하는 위력으로, 서울~부산을 1시간 이내에 주파하는 놀라운 빠르기이다. 또한, 토네이도가 통과할 때는 순간적으로 기압이 250헥토파스칼이나 떨어져서 대형 빌딩이 풍선 터지듯 파괴되는 경우도 있다.

달리는 열차까지 가볍게 들어올리는 강력한 토네이도.(미국)

미국에서는 1년에 500회가 넘는 토네이도가 나타난다. 그 중에는 엄청난 위력을 가진 것도 많다. 1931년 미네소타 주를 강타한 토네이도는 60톤이나 되는 급행열차를 가볍게 들어올려서 20미터 이상 내팽개쳤고, 360킬로그램이나 되는 냉장고를 5킬로미터까지 날려 보낸 기록도 있다. 이런 경우의 토네이도 풍속은 초속 200미터 정도다. 지난 2011년에는 미국에서 한 해 동안 모두 1,709회라는 기록적인 토네이도가 발생해 550명이 목숨을 잃었다.

토네이도는 상승 기류도 동반하기 때문에 가끔은 진기한 현상이 벌어진다. 1955년 일리노이 주를 지나던 토네이도로 두 사람이 타고 가던 승용차가 30미터 이상 공중으로 올라갔다가 다시

토네이도가 휩쓸고 간 뒤 흔적조차 사라진 미국의 한 주택가.

지상으로 떨어졌는데 놀랍게도 전혀 피해가 없었다고 한다. 또한 그릇들이 가득 찬 찬장이 상승기류를 타고 높이 올라갔다가 내려왔는 데도 접시 한 장 깨지지 않은 사례도 있다. 토네이도의 피해를 막으려면 조기 경보와 함께 빠른 경보 전달체계가 필요하다. 여기에 덧붙여 국민들의 적극적인 대처가 큰 피해를 막는 지름길이다.

우리나라는 규모도 작고 드물기는 하지만, 5년에 한 번 꼴로 토네이도 현상이 나타난다. 옛 문헌에 보면 용이 하늘로 올라가는 것을 보았다는 내용이 발견되는데, 이것은 용오름 현상을 목격한 것으로 추정된다. 1988년 10월 울릉도 앞바다에서 나타난 용오름 현상도 토네이도의 한 예다. 그런가 하면 1964년 강남

신사동 근처에서 뚝섬을 지나 팔당댐 부근까지 스쳐간 토네이도는 우리나라의 대표적인 공식 기록이다. 그 당시 대문을 나서던 한 부인이 200미터 떨어진 곳까지 바람에 날려갔는데 크게 다치지는 않았다고 한다. 이밖에 지난 1980년 7월 경남 사천지방을 통과한 토네이도로 외양간에 있던 황소가 20미터 높이까지 올라갔다가 떨어졌는데, 다친 곳은 없었지만 그 후 나흘 동안 아무것도 먹지 못했다고 현지 주민들이 증언한 바 있다.

토네이도처럼 갑작스런 돌풍에 대비하려면 현지의 기상기록 외에도 특이한 현상의 발생 가능성까지 고려해 시설물을 설치하는 것이 바람직하다.

인류의 역사를 지우는 환경오염

1988년 2월 이집트에서 스핑크스의 어깨 부분이 조금 떨어져 나가는 사고가 발생했다. 기자 평원에 있는 이 스핑크스는 높이가 20미터, 너비가 48미터로 스핑크스들 중에서 가장 크고 오래된 것으로 알려져 있다. 이 스핑크스는 4,600년 전에 만들어진 것으로 그 동안 몇 차례 사막의 모래바람 때문에 매몰되고 코의 일부도 파괴된 상태였다. 당시에 파손된 어깨 부분은 가로 7센티미터, 세로 4센티미터 정도로, 파괴되기 6일 전에 불었던 격렬한 모래폭풍이 원인인 것으로 추정되었다. 그렇지 않아도 하수, 오물, 습한 공기로 인해 곰팡이가 생기고 무분별한 관광객들 때문에 부식되던 중이었다.

이 때 이집트 정부는 스핑크스를 보호하기 위해 긴급 보존계획을 세웠다. 우선 미국의 초현대식 탐지 장비를 구입해 스핑크스 각 부분 상태를 정밀조사했다. 또한 스핑크스의 꼭대기에 기상대를 설치해 모래바람의 동태를 조사, 분석하고 차량 진동, 습기, 기온변화까지 세심하게 관측하도록 했다. 외신에 따르면 스

대기오염으로 훼손되고 있는 그리스 파르테논 신전.

핑크스가 복구된 뒤에는 앞으로 수천 년 동안 버틸 수 있을 것이라고 했다.

그리스의 아테네 시는 유럽 문화의 원류이면서 2400년 이상 된 각종 유적이 많아 세계 최고의 관광지로 손꼽힌다. 그런데 이 도시도 대기오염으로 인해 파르테논 신전 같은 건축물이나 조각품들이 심각하게 부식되고 있다. 아테네 시의 경우 겨울철 난방의 주원료가 유연탄이어서 대기 중에 일산화탄소가 많이 배출되고 있는데, 이것이 유적 파손의 주요 원인이라고 한다. 또 오래된 차를 가지고 있을수록 세금을 적게 내는 불합리한 자동차 정책도 대기오염에 한몫을 하고 있다고 한다.

한 과학자는 지난 40년 간 아크로폴리스에 있는 유적들이 입은 피해가 그 전 2400년 동안의 전체 손상보다 더 크다고 주장한다. 이 같은 상태가 되자 아테네 시는 공장 가동을 중단시키고, 어린이들이나 노약자들의 바깥 출입을 연 40일로 제한했다. 외출을 제한할 정도라면 상태가 어느 정도인지 그 심각함을 짐작할 수 있을 것이다.

서울 곳곳에도 고대 유적과 동상, 조각품들이 많이 있는데 거리를 지나다보면 가끔 이것을 청소하는 장면을 보게 된다. 이 때 시커먼 오염물질이 두꺼운 딱지처럼 떨어지는 것을 볼 수 있다. 도시화, 공업화에 따라 우리의 문화유산들도 급속히 대기오염의 피해를 입고 있는 것이다. 또한, 일반 건축물들도 자재가 부식되는 속도가 빨라져 예전 같으면 30년 정도 버틸 건물도 10년만에 안전진단을 다시 받아야 할 정도다.

이제 대기오염은 우리의 과거를 지우는가 하면, 현재의 생활까지도 위협하고 있다. 이대로 방치했다가는 인류의 미래가 없어질지도 모르겠다는 불길한 예감이 든다.

폭풍우가 불기 직전에는 왜 유쾌해질까?

장마철 같이 연일 비가 내리는 날씨에는 답답하다가도 햇빛이 나면 금방 기분이 풀리곤 한다. 또한 불볕더위가 기승을 부릴 때는 짜증이 나지만 선선한 바람이 불어오면 어느 새 차분한 마음이 되어 안정을 되찾는다.

이처럼 날씨는 사람의 심리에 상당한 영향을 미친다. 특히, 한여름 더위는 심각한 사고로 이어지기도 한다. 미국의 한 심리학자에 따르면 기상요소 가운데 인간에게 가장 큰 영향을 미치는 것은 기온이다. 높은 기온은 감정을 흔들어 놓는 동시에 공격적인 행동까지 불러 일으킨다. 미국에서 조사한 결과에 따르면 더운 날일수록 폭행사건이 많이 나며, 정신병원에 입원하는 환자수도 늘어나는 것으로 나타났다. 이 같은 현상은 우리나라도 마찬가지여서 6월보다는 7월과 8월에 더 많은 사건 사고가 발생하는 것으로 집계되고 있다.

습한 날씨는 우울증과도 관련이 높다. 흐리거나 비가 오는 날에는 평소보다 많은 수의 우울증 환자들이 정신병원을 찾는다고 한다. 또한 저기압이 지나가는 날은 학생들의 정서가 불안정해져 학교 생활에서 실수가 많아지고, 벌을 받는 학생 수가 늘어난다. 이밖에도 우울증의 가장 나쁜 결과라 할 수 있는 자살사건 역시 흐리고 비가 오는 날에 증가한다는 통계가 있다.

이와는 달리 맑은 날씨에는 사람들의 기분이 좋아지는 것이 보통이다. 특히, 겨울철의 맑은 날씨는 사람들에게 적극적인 기분을 가지게 해 준다. 또한, 맑은 날에는 접객업소에 종사하는 사람들의 팁도 눈에 띄게 늘어난다고 한다. 그만큼 손님들의 기분이 좋다는 것을 알 수 있다. 이밖에도 맑은 날에는 대부분의 사람들이 남을 잘 도와 주려 하고 행동도 부드러워진다고 한다.

고온건조한 바람이 불 때는 정신장애가 일어나는 경우가 많다. 또, 보통 사람들도 문제 해결에 어려움을 겪거나 성급한 마음을 가지게 된다. 그러나 폭풍우가 몰아치기 직전에는 대부분 사람들이 유쾌하고 들뜬 기분을 가진다고 한다. 이처럼 바람에 따라 사람의 기분에 차이가 나는 것은 대기 중에 있는 음이온의 변화와 관련이 있다고 한다. 음이온은 고통을 유발시키는 물질인 세로토닌이라는 신경전달물질의 분비를 억제시켜 사람의 기분을 좋게 해 주는 것으로 알려져 있다. 폭풍우가 불기 직전에는 음이온이 많아지고, 고온건조한 바람이 불 때는 음이온이 크게 감소된다는 것이다.

기압의 변화는 또 신체에 많은 질병을 일으키는데, 기압이 낮아지면 혈관 등 체내의 각종 기공들이 확장됨으로써 기공 내에

폭풍우가 불기 직전에는 음이온이 많아져 사람들이 유쾌해지고 들 뜬 기분이 든다.

염증을 일으키기도 한다. 또한 기압이 낮아지면 관절 통증이 심해진다. 이밖에 기압이 정상보다 높거나 낮을 경우 잠이 더 잘 오는 것으로 알려져 있지만, 그 원인은 아직 확실하게 밝혀지지 않고 있다.

어떤 기상조건의 경우 전염병의 위험성을 더욱 높여 주기도 하는데, 특히 아주 더울 때와 추울 때는 인체의 면역기능에 스트레스가 쌓여 감염에 대항하는 능력이 감소된다는 것이다. 따라서 겨울철에는 낮은 온도 때문에 인체의 저항력이 떨어져 감기나 호흡기 계통의 병에 잘 걸린다. 무더운 여름철에는 신체기능이 급격히 약해지면서 소화기 계통의 질환에 잘 걸리게 된다고 한다.

흔히 비가 오는 날에는 라디오에서 나오는 음악이나 말들도 평소와는 다른 것을 경험한다. 이는 사람들의 기분이 날씨에 따라 다르다는 반증이다. 서비스를 생명으로 하는 접객업소에서는 날씨에 따라 소비자들의 기분이나 행동이 어떻게 달라지는지를 주시하면 도움이 될 것이다.

신경질적인 사람은 추위도 비껴간다

추위를 느끼는 감각은 사람마다 각기 다르다. 예를 들어 영하 30도 안팎의 극단적인 추위가 닥칠 때는 누구나 추위를 느낀다. 하지만 겨울에 흔히 있을 수 있는 영하 10도 안팎의 추위에는 사람마다 느끼는 감각이 다른 것을 알 수 있다.

추위를 느끼는 정도는 신체에 있는 지방층의 두께와 종류, 그리고 성격에 따라 큰 차이를 보이고 있다. 일반적으로 습도가 60퍼센트로 일정한 상태에서 노인들은 섭씨 20도가 최적 온도이고, 남성은 18도, 여성은 16도, 어린이들은 여성보다도 더 낮은 온도에서 쾌적함을 느낀다. 이것은 추위에도 적용돼 보통은 여자가 남자보다 섭씨 2도 정도를 더 잘 견딘다고 한다.

그래서 흔히 남자보다 여자가 추위를 잘 참아낸다고 한다. 이 말은 영하 8도일 때 남자가 느끼는 추위와 영하 10도일 때 여자가 느끼는 감각이 거의 비슷하다는 말이다. 왜냐하면 여자의 피하지방층이 남자보다 두껍기 때문에 신체조건 상 마치 옷 한 벌을 더 입은 것 같은 효과가 있다는 것이다. 또한 지방층이 두꺼

지방층이 얇더라도 성격이 급하고 히스테리가 있는 사람이나 신경질이 많은 사람은 추위를 잘 타지 않는다고 한다.

우면 열에 대한 전도율이 낮기 때문에 에너지가 몸 밖으로 잘 빠져 나가지 않는다. 게다가 외부의 추위가 몸 안으로 전달되는 양도 그만큼 적기 때문에 남자보다 여자가 상대적으로 추위를 덜 느끼게 된다.

이밖에 지방층이 얇더라도 성격이 급하고 히스테리가 있는 사람이나 신경질이 많은 사람은 추위를 잘 타지 않는다고 한다. 이런 성격의 사람들은 신체 내 부신에서 분비되는 호르몬의 양이 많기 때문이다. 호르몬의 양이 혈관에 축적돼 열 손실이 적어지면서 결국 추위를 잘 견딜 수 있게 되는 것이다.

최근의 조사 결과를 보면 도시 기온의 상승 추세가 뚜렷해 옛날보다는 겨울이 덜 춥다. 또한, 경제 형편이 나아지면서 현대인들은 보다 따뜻한 환경에서 생활하고 있고, 추위가 예전보다 약해진 탓에 내복을 입지 않는 사람들도 있다. 하지만 이런 사람들도 겨울은 여전히 춥다고들 한다. 이것은 추위에 대한 적응력이 약해진 때문일 것이다. 추위 대응력을 한 단계 높이기 위해서는 등산 등 규칙적인 운동을 하는 것이 바람직하다.

안개와 함께 피어오르는 질병

고대 신화나 어린이들이 즐겨 읽는 동화를 보면 산신령이 구름을 타고 다니는 장면이 많다. 그래서인지 사람들은 구름을 타고 싶어 하기도 하고, 또 구름 속에 들어가 보고 싶은 충동을 느끼기도 한다. 그러나 구름을 타 보기 위해서 하늘 높이까지 올라갈 필요는 없다. 비교적 낮은 구름은 안개와 거의 비슷하며, 안개 속을 걸으면서 하늘에 떠 있는 상상을 하면 된다. 구름 속을 거니는 경험은 비행기를 타거나 높은 산을 오를 때도 가능하다.

기상학적으로 볼 때 안개는 수증기가 지표면 가까운 공기층에 응결해 떠 있는 현상을 말한다. 관측하는 사람으로부터 1킬로미터 정도 떨어진 물체의 식별이 곤란한 때부터를 안개라고 부른다. 그리고 멀리까지 보이긴 하지만 대기가 뿌연 상태를 경우에 따라 박무(薄霧), 연무(烟霧)라고도 부른다. 요즘은 산업화가 오래 지속되면서 안개와 매연이 합쳐진 '스모그'라는 새로운 현상이 나타나 사람들의 건강에 해를 끼치고 있다.

현대 사회에서 안개 때문에 일어나는 해로운 사실을 예를 들

안개가 오래 끼면 습도가 높아져 전염병균의 활동이 활발해지므로 허약한 사람은 새벽운동을 삼가는 것이 좋다.

어보자. 우선 안개가 끼면 전후 사방의 물체 식별이 곤란해지기 때문에 교통에 치명적인 타격을 준다. 항공기의 이착륙을 지연시켜서 사람들을 안타깝게 하고, 운행 중인 자동차의 다중 추돌 사고 원인이 되기도 한다. 이밖에도 안개가 오랜 기간 지속되면 햇빛이 차단돼 습도가 점점 높아진다. 이런 때는 전염병균의 활동이 더욱 활발해지기 때문에 허약한 사람은 새벽 운동이나 산보를 하지 않는 것이 좋다. 더구나 안개 속에 오염물질이 포함된 이른바 '산성 안개'라는 해로운 현상이 나타나 이를 자주 접하게 되면 예상치 못한 공해병에 노출될 수도 있다.

안개는 농촌 생활에도 많은 영향을 준다. 안개가 자주 끼면 일사량이 줄어들어 농작물 성장에 지장을 준다. 이 때문에 개화기가 늦어지거나 아예 성숙이 되지 않는 사례도 발견된다. 또, 과일 표면이 지저분해지고 색깔도 곱지 않게 되기 때문에 상품성이 크게 떨어진다.

일반적으로 안개는 비교적 안정된 기단 내에서 잘 생긴다. 예를 들어 맑은 날씨의 밤을 지낸 다음 날 아침이나 바람이 없는 날, 그리고 상대 습도가 높은 날 안개가 자주 낀다. 날씨가 비교적 청명한 봄과 가을에 안개가 빈번히 끼는 것은 바로 이러한 조건에 맞기 때문이다. 기압 배치상으로 보면 안개는 대체로 이동성 고기압 상태에서 자주 나타난다. 이 때문에 안개가 낀 날은 날씨가 맑다는 속설이 정설처럼 되어 있다.

대부분의 안개는 해가 떠서 햇빛이 나거나 바람이 서서히 불면 걷힌다. 하지만 최근에는 도시의 공해 물질과 섞여 하루 종일 스모그 형태로 도시를 감싸고 있다. 도시의 공기를 맑게 하는 것은 자기 집 안을 치우는 것과 마찬가지인데도 사람들은 이에 대해 둔감한 것 같다.

삼한사온 현상은 공기정화기다

우리나라의 겨울철 기상 가운데 가장 특징적인 것을 꼽으라면 '삼한사온(三寒四溫)' 현상을 들 수 있다. 삼한사온 현상은 맨 처음 북서 계절풍과 함께 찬 공기가 몰려와서 사나흘 간 아주 춥다가 그 뒤 며칠은 비교적 포근해지는 것을 말한다. 쉽게 말해 우리나라의 겨울은 삼한사온 현상이 십여 차례 반복되다가 끝이 난다고 볼 수 있다. 그러나 항상 그런 것만은 아니고, 해에 따라서는 강추위가 10여 일씩 이어지기도 하고, 반대로 포근한 날씨가 계속돼 한겨울에 비가 오기도 한다.

정상적으로 삼한사온이 반복될 때는 추위에 대한 후유증이 적지만, 강추위가 계속된다거나 포근한 날씨만 이어질 때는 전혀 예상치 못한 부작용이 따르게 된다. 한 통계에 따르면 겨울철에 포근한 날씨가 계속될 경우 기관지나 호흡기 질환이 많이 발생한다고 한다. 특히 도시지역에서는 이러한 경향이 심해서 어린이나 노약자는 물론 평소 건강하던 사람까지도 이 계통의 질병으로 큰 고생을 한다. 그 까닭은 포근한 날씨에는 공기의 이동현

겨울 추위는 혼탁한 공기를 사라지게 해 건강에 이롭다.

상이 적어 한 지역에서 발생한 오염물질이나 먼지가 다른 곳으로 옮겨가지 못하고 부근 상공에서만 계속 맴돌기 때문이다. 흐르는 물은 깨끗하지만, 고인 물은 썩는 원리와 마찬가지로 이렇게 정체된 공기는 혼탁하기 때문에 각종 병원균이 발생하기 좋은 조건이 되는 것이다.

또한, 공기가 정체될 때는 안개가 자주 끼게 돼 스모그 현상이 나타난다. 스모그 현상은 호흡기나 기관지에 영향을 줄 뿐만 아니라 햇빛을 차단시켜 사람이 쬘 수 있는 자외선의 양을 크게 감소시킨다. 더구나 대도시에서는 나날이 들어서는 고층빌딩 때문에 하루 종일 햇빛을 못 받는 지역이 있을 정도인데, 여기에 스모그 현상마저 겹친다면 사람들의 건강은 최악 상태가 될 것이다.

이처럼 건강에 해를 끼치는 혼탁한 공기는 추위가 닥쳐야만 사라지게 된다. 시베리아의 찬 공기가 우리나라로 오면 춥기는 하지만 공기는 깨끗해진다는 이야기다. 어항의 물을 가끔씩 갈아 주어야 물고기들이 아무 탈 없이 자라듯이 겨울 추위는 공기를 정화시키는 작용을 함으로써 우리를 건강하게 하는 것이다.

여름이 무더워야 곡식이 잘 여물듯이 겨울에는 겨울답게 삼한사온 현상이 나타나는 것이 바람직하다. 겨울이 따뜻하고 여름이 서늘해지면 당장은 좋을지 몰라도 그런 기상이변으로 파생되는 모든 부작용을 꼼짝없이 우리가 짊어져야 하기 때문이다.

사람이 견딜 수 있는 기상조건의 한계는?

기상조건에 대한 인간의 적응력은 이따금 우리의 상상을 초월한다. 최고 기온이 섭씨 50도를 쉽게 넘어서는 열대 사막에서도 사람들은 촌락을 이루고 산다. 그런가 하면 영하 65도 가까이 되는 시베리아에도 우리나라의 시에 해당하는 큰 마을이 자리 잡고 있다. 평지의 60퍼센트 정도의 공기밖에 없는 해발 4,000~5,000미터의 고지대에서도 훌륭하게 생활하는 민족이 있다. 이처럼 사람들이 적응할 수 있는 기상조건의 폭은 상당히 넓다고 할 수 있다.

그러면 인간이 견딜 수 있는 가장 극단적인 기상조건은 어떤 상태일까? 영하 30도의 혹한 속에서 전방 초소를 지키던 우리나라의 젊은이가 수은주가 50도를 넘나드는 열사의 중동에서도 정상적으로 훌륭하게 일하는 것을 우리는 잘 알고 있다.

사람은 과연 어느 정도까지 더위를 참아낼 수 있는 것일까? 프랑스의 한 실험 결과에 따르면 사람은 외부 온도가 65도일 때까지는 몸을 지탱하면서 살아갈 수 있지만, 그 이상의 온도에서는

수은주가 50도를 넘나드는 사막에서도 사람은 살 수 있다.

생명 유지가 곤란하다고 한다. 그 까닭은 정상적인 체온 유지가 불가능하기 때문이다. 사람이 외부 기온에 대해 체온을 조절하는 것은 땀을 흘리는 과정을 통해 이루어진다. 그래서 웬만한 더위에는 땀을 흘리는 것으로 정상 체온인 36.5도를 유지한다. 그런데 기온이 극단적으로 높아지면 체온 조절 기능에 무리가 와서 고열 현상이 일어난다. 다음은 의식과 행동에 장애가 오고 신장이나 간장에도 이상이 생겨 결국 위험한 상태에 이르게 된다.

추위에 대해서도 생명 유지가 가능한 선까지 체온을 유지할 수 있느냐가 문제다. 겨울 바다 속이나 차가운 폭포 속에서 맨몸 상태로 6시간 정도 있으면 체온이 30도 가까이 떨어진다고 한다. 이 때 더 이상 그 속에 있으면 체온이 30도 아래로 떨어지면서 가사 상태에 빠지게 된다. 이밖에 영하 47도의 추위 때는 사람의 얼굴에 얼음막이 생기면서 동상에 걸리고 피부가 갈라지게 된다.

사람들은 과연 어느 정도 높이까지 올라가서 살 수 있을까? 인간이 높은 곳에서 겪는 불편은 체온이 점점 떨어지는 현상과 산소 부족, 그리고 기압이 낮은 데서 오는 심장, 혈관, 호흡장애 증상 등으로 알려져 있다. 정상 생활의 한계는 인종이나 개인에 따라 다르지만, 우리나라 백두산 높이보다 조금 낮은 2,500미터로 알려져 있다. 해발 2,500미터 정도되는 지점은 지표면의 75퍼센트 정도 되는 공기량을 가지고 있고, 기온이 지상보다 10도가량 낮다. 특이한 경우지만 안데스 산맥의 케콰스와 히말라야 산맥의 셰르파들은 고도 4,000미터에서도 큰 불편 없이 살고 있으나 이러한 상태가 되기 위해서는 오랜 동안의 적응 기간이 필요했을 것이다.

노르망디 상륙 작전은 기상정보의 승리였다

수천 년의 인류 역사를 보면 작은 규모의 전쟁이라도 전혀 없었던 해는 거의 없다. 전쟁이 나면 승패가 엇갈리면서 온갖 변화가 일어난다. 그런데 인류 역사상 전쟁의 승패 요인으로 기상조건이 크게 작용한 예가 많았다. 우리나라의 경우에도 이순신 장군이 바람이 세차게 불고 물살이 드센 '울돌목'이라는 곳으로 왜군을 유인해서 격퇴했다는 유명한 일화가 전해진다. 또한 고구려의 을지문덕 장군은 장마로 불어난 강물을 이용해서 수나라 백만 대군을 물리치기도 했다.

기상변화의 본질이 어느 정도 밝혀지고 예측이 가능해졌던 20세기 초부터는 기상을 전쟁에 본격적으로 이용하기 시작했다. 제2차 세계대전 때 일본군은 대기의 상층에서 일본에서 미국 쪽으로 불고 있는 제트 기류를 이용해 기구 폭탄을 수천 킬로미터 떨어진 미국 본토까지 날려 보냈다.

날씨 변화나 기상 상태는 승패에도 영향을 주지만 전쟁의 발단이 되기도 한다. 옛날에는 우선 기후가 좋고 살기 좋은 땅을 차지하기 위한 전쟁이 많았다. 추운 지역의 북방 민족이 남쪽 나라와 전쟁을 하는 경우가 그 예라 할 수 있다. 또한, 한 집단이 살고 있는 지역에 홍수나 한발, 추위 등이 닥쳐서 어쩔 수 없이 대이동을 하게 될 때는 주변의 다른 집단과 충돌하게 마련이다. 유럽에서 있었던 게르만 민족의 대이동이 여기에 속한다고 할 수 있다. 20세기에 들어서는 부동항을 확보해 태평양으로 진출하려 했던 러시아의 '남방정책'이 그 좋은 예다.

프랑스 황제 나폴레옹은 러시아의 강추위와 폭설 등 소위 동장군을 염두에 두지 않은 채 모스크바 침공을 강행했다가 무참한 패배를 겪게 된다. 그로부터 140여 년 뒤인 제2차 세계대전 때 독일의 히틀러 역시 시베리아의 추위와 폭설 앞에 무릎을 꿇었다. 12세기에 일본 본토를 침공하려던 몽골의 전함 군단은 지금의 대마도 부근 해협에서 '태풍'을 만나 전멸하게 된다. 그래서 일본인들은 이 시기에 부는 바람을 신이 보내 주는 바람이라 해 일명 '신풍(神風)'이라고 부른다.

전쟁에서 날씨를 잘 이용한 사람으로는 삼국지의 영웅 제갈공명을 꼽는다. 그는 바람의 방향이 바뀌는 시기를 예측해 기습적인 화공법을 성공시킨다. 제2차 세계대전을 연합군의 승리로 이끌었던 미국의 아이젠하워 장군도 노르망디 상륙작전에서 기상정보를 이용해 승리를 거두었다. 그는 기상학자들에게 상륙 지점과 날짜를 잡아 달라고 부탁했다. 기상 전문가들은 노르망디 해안의 기상 특성과 조수의 흐름 등을 연구하고 적군이 방심하

기상정보는 전쟁의 승패에 결정적 영향을 끼친다.

기 쉬운 날을 예측해 역사적인 승리에 기여했다.

20세기 후반부터는 날씨를 인공적으로 변화시켜 그것을 전쟁에 이용하는 이른바 '기상 무기'가 등장했다. 베트남 전쟁이 한창이던 지난 1967년 미국은 베트콩의 보급 활동을 곤경에 빠뜨리기 위해 '호치민 루트'를 중심으로 남북 베트남, 라오스, 캄보디아 일대에서 사상 최대의 인공강우 작전을 펼쳤다. 연 2,602대의 비행기를 동원해 구름 속에다 비의 씨가 되는 옥화은과 요오드화은을 끊임없이 뿌렸다. 이 작전에 참가했던 한 조종사의 얘기로는 충분한 비가 내리지 않은 곳도 있었지만 대체로 성공적이었다고 한다.

그러나 이러한 기상 무기는 또 다른 부작용, 예를 들어 엉뚱한 지역에 예기치 못한 현상이 나타난다든가, 원래의 자연질서가 파괴될지도 모른다는 우려 때문에 개발을 자제하고 있는 실정이다.

이처럼 날씨는 전쟁에 큰 영향을 끼치고, 그에 관한 정보는 군사작전에 이용되고 있다. 큰 전쟁이 끝난 뒤에는 다른 분야처럼 기상기술도 향상된다. 하지만 수많은 희생 끝에 얻어지는 발전이라 그저 안타까울 뿐이다.

전쟁도 기상이변의 원인이 된다

20세기 후반 들어 나타나기 시작한 온실효과와 산성 비, 오존층 파괴 등의 현상으로 현재 지구환경이 최악의 상태에 놓이게 되었다. 설상가상으로 지구상에서 대규모의 전쟁이라도 발발하는 경우엔 각종 유해물질로 세계 곳곳에서 대규모 기상이변이 발생할 것으로 추정되고 있다.

지난 1990년 걸프전이 발발하기 직전에 영국 런던에서 군사학술회의가 열렸다. 이 때 발표된 한 보고서가 많은 사람들의 관심을 집중시켰다. 내용인즉 페르시아 만에서 전쟁이 터질 경우 이 지역은 유전화재로 인해 최소한 10년 동안 불바다가 될 것이며, 이 때문에 전 세계의 생태계가 태양암흑화 현상과 산성비 등으로 대부분 파괴된다는 내용이었다. 또한, 이 보고서는 이 때 만에 하나 핵무기가 사용될 경우 지구상에 핵겨울 현상이 나타나 10억 명이 사망할 것이라고 예측했다.

이 같은 최악의 사태는 이라크가 쿠웨이트에 있는 유전 1,000여 곳에 불을 질러 하루 수백 만 배럴의 원유가 불에 타면서 시작된다는 것이었다. 실제로 이라크는 몇 개의 쿠웨이트 유전에 불을 질렀는데, 그 화재가 2년 동안이나 계속되었다. 이 화재로 하루 50만 톤의 매연이 대기 중에 퍼졌는데, 이 때 배출된 물질이 상공에 거대한 구름층을 형성했다. 이 구름층의 영향으로 극동지역의 몬순기후가 비가 전혀 오지 않는 건조기후로 변하면서 농사에 막대한 영향을 끼쳤다는 분석도 있었다.

만약 그 당시 더 많은 유전에서 화재가 났더라면 다음과 같은 여러 가지 후유증이 발생했을 것으로 과학자들은 예측했다. 즉, 유전화재를 효과적으로 진압하지 못하면 가스로 만들어진 구름층이 점점 더 커져 인도대륙 상공으로 이동하면서 오존층에 구멍을 내어 이 지역의 농작물과 사람들에게 많은 피해를 준다는 내용이다. 특히, 전쟁이 일어난 페르시아 만 지역은 시커먼 연기가 태양을 가리는 태양암흑화 현상으로 기온이 갑자기 영하 20도 아래로 떨어지는 혹한이 나타날 수도 있다. 이 때문에 동식물은 물론 사람까지도 살 수 없게 되어 페르시아 만 일대가 죽음의 땅으로 변할 수도 있는 것이다. 이와 동시에 유출된 원유로 인해 바다마저도 황폐화되었을 것이다.

만에 하나, 페르시아 만 전쟁에서 핵무기가 사용되기라도 했다면 전쟁이 끝난 뒤 곧이어 닥쳐올 가공할 추위, 이른바 '핵겨울 현상'으로 전 인류가 멸망할 수도 있는 상황이 되었을 것이다. 핵겨울 현상에 대한 이론은 1980년대 미국의 한 과학자에 의해 주창되었다. 이 이론의 핵심 내용은 핵이 폭발할 때 발생한

1991년 걸프전 당시 불타는 유전지대 모습. 이 화재로 거대한 매연 구름층이 형성돼 극동지역이 건조기후로 변했다는 분석이 있다.

먼지와 연기 등이 지구 대기에 오랫동안 머물면서 햇빛을 차단하게 되고, 이로 인해 기온이 갑자기 수십 도 떨어지면서 빙하시대로 돌입하게 된다는 것이다.

핵겨울 이론이 발표된 이후 사람들은 그 실현성에 의문을 가졌지만 이 이론은 뜻하지 않은 사건으로 검증되었다. 지난 1989년 미국 캘리포니아 주에서 거대한 산불이 발생했을 때 검은 연기가 그 주변 상공을 며칠 간 덮은 적이 있었다. 이 때 한 소도시의 기온이 산불 발생 사흘 만에 20도 가까이 떨어지는 기습한파 현상이 나타나 사람들을 놀라게 했다. 이는 앞으로 핵겨울 현상이 나타날 수 있다는 사실을 입증하는 것으로 우리에게 시사하는 바가 크다.

온실효과나 오존층 파괴 등으로 지구가 점점 위기 상황으로 치닫고 있다. 이러한 상황에서 큰 전쟁이라도 일어나게 되면 정도의 차이는 있을지언정 모든 인류가 커다란 피해를 입을 것은 자명한 일이다. 만약 북한이 핵무기를 사용한다면 한반도뿐만 아니라 전 세계에 핵겨울이라는 심각한 피해를 줄 수도 있는 것이다.

인공 호수의 공(功)과 죄(罪)

호반의 도시 춘천은 런던처럼 '안개의 도시' 라는 별명이 붙어 있다. 1965년에 춘천댐이 건설되고 67년에 의암댐, 73년에 소양강 다목적 댐이 차례로 건설되면서 춘천의 안개 일수가 무려 세 배 정도 늘어났다. 기상 기록에 따르면 나흘에 한 번씩은 안개가 짙게 끼고, 그 시간도 길어졌다. 이 때문에 오전 내내 기온이 오르지 않고 일조량도 크게 떨어졌다.

이러한 기상 상태가 계속되면서 농작물에 피해를 주는 것은 물론이고 주민들 사이에서 호흡기나 신경통 환자가 크게 늘어난 것으로 밝혀졌다. 또한 댐에서 방류하는 물이 너무 차가워서 농사에 직접 쓸 수 없게 되었다. 그리고 호수가 오염되면서 은어나 농어 등의 민물고기가 자취를 감추었고, 식물이나 새들도 예전에 비해 훨씬 줄어든 것으로 나타났다.

'예천사과' 하면 예전에는 경북 안동의 특산물이었다. 그런데 1976년 안동호가 생긴 뒤부터는 사과의 단맛이 떨어지고 알의 굵기도 작아졌다. 어떤 해는 결실조차 제대로 되지 않았다. 조사

이집트의 아스완 댐. 홍수 조절엔 성공했지만 옥토를 사라지게 하고 농업과 어업에 막대한 피해를 입혔다.

결과 안동지방은 댐 건설 때문에 사과가 열리는 8~9월의 일조율이 떨어지고, 습도가 높아져 이 같은 피해가 발생한 것으로 분석되었다.

세계적으로 인공호수의 폐해가 가장 많이 나타나는 곳으로는 1971년 이집트에 건설된 세계 최대의 아스완 댐을 들 수 있다. 이 댐은 이집트 전역에 물을 공급하고 홍수를 조절하는 기능을 담당하지만 많은 문제점을 안고 있다. 우선 지난 수천 년 동안 나일강이 범람하면서 운반하던 기름진 흙이 사라져 강변의 농경지에서는 매년 1억 달러어치 이상의 화학비료를 쓰고 있다고 한다. 또한, 고급 요리에 쓰이던 나일 새우가 없어졌고, 이집트 앞 지중해에서 잡히던 정어리 등 물고기가 크게 줄어들어 어민들의 생계가 막막해졌다고 한다.

이처럼 인공 호수 때문에 주변 환경이 변하는 것은 세계적인 추세지만 그렇다고 전혀 대책이 없는 것은 아니다. 가능한 한 피해를 줄이기 위해서는 우선 호수 주변에 같은 온도를 유지하는 표층수를 호수로 흘려 보내는 방법이 있다. 이 같은 조치를 취할 경우 안개 발생이 크게 줄어들어 저온이나 일조량 부족 등의 현상을 해소할 수 있다.

환경 전문가들은 만일 우리나라 인공 호수의 환경오염 문제가 개선되지 않는다면 그 물을 식수로 사용할 수 없을 뿐만 아니라 공업용수나 농업용수로도 쓸 수 없게 될 것이라고 경고한다.

인공 댐을 건설할 경우엔 좋은 점도 있지만 그에 따른 부작용이 만만치 않다. 그러므로 댐을 건설하기 전에 주변의 환경 변화를 막을 수 있는 모든 수단을 강구해야 한다. 댐을 건설해서 얻을 수 있는 에너지는 얼마든지 다른 방법으로도 구할 수 있지만, 그 때문에 잃게 되는 자연환경은 영원히 다시 되돌릴 수 없다는 사실을 인식해야 한다.

바다에 뜬 기름이 기상이변을 부른다

지난 1989년 지구에서 가장 깨끗하다는 남극대륙 부근에서 한 연구선이 침몰해 기름이 흐르는 바람에 비상이 걸린 적이 있었다. 침몰사고가 발생해 기름이 바다 표면에 떠다니면 해초나 어류가 죽는 것은 물론, 생물의 생장력과 생식력을 감퇴시켜 결국은 어패류를 멸종시키기도 한다. 또한, 바다오염으로 어종의 분포가 달라지기도 하고, 경우에 따라서는 어장이 없어지는 상황까지 벌어진다.

이처럼 선박 침몰사고가 자주 일어나 보다 넓은 해상이 기름으로 덮일 경우 이상 기상을 일으키는 요인이 되는 것으로 알려지고 있다. 한 조사에 따르면 비행기로 비교적 좁은 해역의 수온을 관찰한 결과 오염이 안 된 곳의 수온이 섭씨 26도일 때 오염된 곳의 수온은 섭씨 29도로 무려 3도 차이가 있었다고 한다. 도시지역에서 중심지와 변두리의 기온 차가 나는 것과 마찬가지로, 이 같은 온도 차이가 바로 기상변화의 시초가 되는 것이다.

해양오염에 의한 이상 기상은 지중해와 같이 사방이 막혀 있

바다오염은 해양생태계에 영향을 끼쳐 기후변화의 단초가 된다.(사진은 오염된 해안을 청소하는 사람들)
(사진 출처 : Wikimedia Commons)

는 바다나 호수 등에서 특히 심하게 나타나는 것으로 알려져 있다. 예를 들어 지중해는 기후학적으로 볼 때 열대기후인 아프리카와 온대기후인 유럽대륙 사이에서 완충지대 역할을 한다. 그러나 그것은 정상 상태일 때 기능을 할 수 있는 것이지, 만약 지중해 전역이 기름막으로 덮인다면 아프리카나 유럽의 기후가 현재와는 전혀 다른 형태로 바뀔 수 있다.

우리나라에서도 지난 2007년 12월 7일 충남 태안 앞바다에서 크레인선과 유조선이 충돌해 7만8,918배럴이나 되는 엄청난 양의 원유가 서해상을 오염시킨 적이 있었다. 이 때 130만 명이나 되는 자원봉사자가 기름 제거작업에 참여해 최소 10년 이상 걸린다는 원상복구 작업을 단 2년만에 끝냈던 기록이 있다.

지중해와 마찬가지로 서해가 오염될 경우 우리나라의 날씨도 크게 달라질 수 있다. 이것은 서울과 같은 대도시 표면의 많은 부분이 아스팔트나 시멘트 건물로 뒤덮이는 바람에 기온 상승 등 여러 가지 기상요소가 달라진 것과 같은 경우다. 앞으로 중국과 빈번한 해상교류가 이어질 것이 뻔한데 서해의 오염과 기상변화 대응책을 미리 세워 두어야 할 것이다.

원양어선 위협하는 빙산

1995년 3월, 전 세계의 신문과 방송은 남극대륙에서 떨어져 나온 빙산의 영향으로 원양업계가 큰 타격을 입을 것이라는 보도를 했다. 남극대륙의 기온이 올라가면서 분리된 것으로 추정되는 이 빙산은 크기가 제주도의 1.5배가 넘는 것으로, 당시 남극의 북단과 남미의 포클랜드 제도 남단 사이에서 표류하는 것으로 관측되었다.

이처럼 거대한 빙산이 움직일 경우 빙산이 지나는 해역의 수온이 갑자기 낮아지면서 해저 생태계가 변해 조업에 지장을 주는 것으로 알려져 있다. 또한, 빙산이 녹으면서 분리될 경우 수만 개의 유빙이 조업 중이거나 항해하는 선박에 부딪혀 대형 사고를 유발한다. 빙산은 북극과 남극 근처 해상에 있는 큰 얼음덩어리로 전체의 7분의 1에서 12분의 1 정도만 수면 위에 드러내 놓고 떠 다닌다.

빙산은 육지에서 형성되는 거대한 빙하의 아주 작은 조각들이다. 빙하는 북극, 남극 또는 히말라야 산맥 같은 지역에서 긴 세월 동안 눈이 쌓여 이루어진 거대한 얼음판인데, 어떤 것은 우리나라 크기의 수십 배나 되는 것도 있다. 이 빙하가 바다로 느리게 흐르면서, 그 끝 부분이 조금씩 떨어져 나가 빙산이 생겨난다. 처마 끝에 매달린 고드름이 떨어지는 것과 비슷한 이치라고 할 수 있다.

빙산의 길이는 평균 1.5~3킬로미터 정도지만 때로는 아주 큰 것도 있다. 1956년 남극대륙 부근에서 한반도의 6분의 1이나 되는 거대한 빙산이 발견된 적도 있다. 흰곰이 살고 있는 북빙양의 빙산은 대부분 산처럼 솟아 있다. 남빙양의 빙산은 대개 책상 모양을 하고 있으며, 북빙양 것보다 크다. 이 빙산은 파도나 바람 또는 태양열에 의해 녹기 시작한다. 수명은 북빙양이 2년, 남빙양이 10년 정도다.

빙산은 경우에 따라 남북위 45도 근처까지 내려와서 항해 중인 배를 침몰시킨다. 10세기 초까지 해적선들과 수십 척의 증기선이 북대서양에 가라앉았다. 게다가 요즘은 석유 시추선에까지 피해를 주기 때문에 인공위성 사진이나 레이더, 또는 항공기나 감시선을 띄워 사고를 예방하고 있다.

빙산에 의한 가장 큰 사고는 1912년에 북대서양에서 있었던 타이타닉 호 침몰사고였다. 이 사고는 영화로 만들어지기까지 했다. 길이 270미터에 무게 4만6,000톤으로 그 당시 세계 최대의 유람선이었던 타이타닉 호가 영국에서 뉴욕으로 가는 처녀 항해 중에 빙산과 부딪히면서 침몰해 1,500여 명이 목숨을 잃었다. 이

빙산에서 떨어져 나온 유빙. 바다에 떠 다니면서 배의 항해를 방해하기도 한다.

때 배와 부딪힌 빙산은 우리 눈에 높이 25미터 정도, 길이 20미터 정도로 보이지만 바닷물에 잠긴 부분까지 계산하면 중량이 20만 톤 규모로 침몰한 배보다 4배 정도 큰 것이었다고 한다.

세계적으로 물 부족 현상이 심각해지면서 한 과학자가 민물로 만들어진 빙산을 해결책으로 제시해 흥미를 끈 적이 있다. 먼저 길이 16킬로미터, 폭 800미터, 두께 200미터인 보통 크기의 빙산을 3척의 예인선과 해류를 이용해 남극에서 미국 로스앤젤레스 앞바다까지 이동시킨다. 만 1년이 걸리는 이동 기간에 빙산의 크기는 2분의 1로 줄어들지만 그 물은 로스앤젤레스 시민이 한 달 동안 사용할 수 있는 많은 양이 된다. 이 때 빙산으로 물을 만드는데 드는 비용은 당시 수도 요금의 10분의 1도 되지 않는다고 한다. 만약 이런 방법이 실제로 이루어진다면 물 부족 현상을 해결할 수 있을지도 모른다.

이처럼 남극이나 북극 근처에 한가로이 떠 있는 빙산도 우리 생활과 점점 밀접해지고 있어 새삼 지구촌이 좁아지고 있음을 느낀다.

슈퍼스타 KMA

03

조 청장의 날씨편지

공직에 임명되었을 때, 많은 사람들의 조언 중에 하나가 석 달 이내에 업무를 파악하고 조직 속으로 융화하라는 것이었다. 그래서 시작한 것이 '조 청장의 날씨편지'다. 취임 40여일 만에 시작해 퇴임 때까지 모두 103 차례의 편지를 1,500여 직원들에게 보냈다. 편지를 통해 투명한 업무 진행과 소통을 하니 현장에서 만난 직원들의 느낌이 너무 좋았다. 날씨편지는 기상청장 재임 중 가장 잘한 일 같다.

생각을 정리하자

(2011. 3. 28)

안녕하세요, 기상 가족 여러분.

긴 겨울이 지나고 남녘으로부터 봄소식이 들리고 있습니다. 남쪽에서 근무하는 우리 직원들은 이미 봄 기운을 느끼고 있으시겠지요.

제가 가능하면 일주일에 한 번은 날씨편지를 통해서 직원들을 만나고자 합니다. 사실 글을 쓴다는 것은 정말 어려운 작업인데요, 저도 학창시절 숙제나 공부로 일기를 쓰거나 글을 써봤는 데 쉽지가 않더라고요. 80년 초 방송기자가 됐어도, 글 쓰기란 정말 어려웠습니다. 하지만 생각을 정리하고 자꾸만 써보니까 원고지 10장에 한 달 걸리던 것이 일주일, 어떤 때는 한 시간에 끝낼 때도 있었습니다. 기상청에는 글 쓰시는 분들이 많아 공감하실 겁니다.

이번 날씨편지는 제가 최근 5년 간 대학에서 CEO 과정을 운영하면서 1500명이 넘는 많은 분들을 보아왔고, 그 분들의 좋은 점을 본받으면서 저 자신이 긍정적으로 변하는 것을 체험했었습니다. 마찬가지로 이번에 청장직을 수행하면서 그 때 그 때 느낀 경험을 우리

기상 가족들과 공유하고자 쓰게 되었습니다.

최근 2주 사이에 여러분들은 우리 기상청에 대한 외부의 시각이 나날이 변하는 모습을 느끼셨을 겁니다. 이럴 때 우리가 생각을 가다듬고, 능동적인 대처를 한다면 우리 조직에는 물론이고 우리 자신의 인생에까지 큰 영향을 줄 수 있는 좋은 계기가 될 것입니다.

생각을 다듬으면 좋은 글과 말이 되고 행동으로 이어집니다. 행동이 습관을 낳고, 곧 조직과 개인의 운명을 좌우하는 것입니다. 3·11 일본 대지진을 계기로 나와 조직을 추스리면서 국가에 기여한다면 그것이 곧 인류 공존을 위한 것입니다. 가끔씩 보내드리는 저의 날씨편지를 즐겁게 읽어 봐 주시고 답장까지 주신다면 기쁨이 더할 것입니다. 희망 찬 새봄에 항상 건강하시고 가정에도 편안함이 가득하시길 기원합니다.

필리핀 출장기

(2011. 4. 11)

이제 서울에도 개나리, 목련 등 각종 봄꽃들이 화려한 모습을 저마다 뽐내고 있습니다. 오늘 편지는 지난 번 다녀왔던 필리핀 출장 이야기입니다.

※참고로 필리핀은 1950년 6·25전쟁 때 7400여 명이 참전해 112명이 전사했던 우리의 혈맹이고요. 1963년 우리에게 장충체육관을 지어 준 선진국이었습니다. 1963년 당시 우리나라 국민소득은 63$, 필리핀 584$, 일본 647$이었다니… 상상이 가실 겁니다.

4월 3일(일)밤 출발해 4월 6일(수) 아침 영종도에 도착하기까지 2박4일 필리핀 출장은 저에게 많은 감회를 주었습니다. 첫째 60년 전 우리를 도와

필리핀 기상조기경보시스템 시설 착공식.

줬던 필리핀에 '기상조기경보시스템'을 지원할 수 있다는 자부심이 가장 컸습니다. 국제적으로 전쟁을 도와 준 나라에 은혜를 갚는 일은 드물다고 합니다. 왜냐하면 한국처럼 단숨에 산업화와 민주화를 이루어 원조 상대방은 물론 다른 나라까지 돕는 예가 없다는 것입니다. 미국 오바마 대통령이 기회만 있으면 원조 장학생인 한국을 칭찬하는 것도 다 일리가 있는 말입니다.

두 번째로, 오늘로 한 달 되는 3·11 일본 대지진에서 보듯이 기상과 지진 등 자연재해와 재난에는 국제공조가 절대적이라는 생각이 들었습니다. 이제 동아시아 지역의 교류가 활발해지면서 필리핀에도 10만 명이 넘는 한국인이 거주하고 있다고 합니다. 그리고 지금 이 순간에도 수백만 명의 사람들이 자기 나라를 떠나서 타국에서 활동하고 있으니… 자연재해 상황에서 서로를 돕는다는 것은 바로 자기 나라 국민들을 지키는 셈입니다.

세 번째로는 기상을 통한 국제협력은 식량이나 약품을 원조하는 것보다

한 차원 높은 가치가 있다는 것을 깨달았습니다. 필리핀 총영사나 KOICA 지사장도 이런 점을 인식해서 기상원조 확대를 적극 돕겠다고 약속했습니다. 기상원조 확대는 국격 향상과 더불어 우리 기상산업이 커지고, 기상인들이 해외에 진출하는 등 일석이조의 효과가 있는 것입니다. 오늘은 이 정도로 하고 나중에 더 말씀드리겠습니다. 이번 필리핀 출장 중에 레이더사이트 방문과 미 해군기지가 있던 수빅만을 돌아보고, 대낮에 수만 마리의 박쥐가 나무에 매달린 신기한 광경도 봤습니다.

지난 3·11 이후 매일 아침, 뜻밖의 숙제가 닥칠 때마다 직원들과 합심해 문제를 해결하면서 큰 보람을 느끼고 있습니다. 기상청의 새로운 역사 만들기에 동참해 주시는 모든 직원분들께 감사드립니다.

총성 없는 기상외교전쟁

(2011. 5. 30)

흔히들 외교를 '총성 없는 전쟁'이라고 합니다. 이번 '제네바 기상외교전쟁'은 지난해 G20 선진국에 진입한 대한민국이 국제시험을 치르는 첫 무대였고, 1949년 기상청 창설 이후 지금까지 기상 선배들의 모든 노력들이 종합 평가되는 중요한 순간이었습니다.

지난 26일 11시 50분 제네바 국제회의장에서 "코리아 조석준 104표, 인도 100표, 이란 누리안 55표"라고 사회자가 발표하는 순간 우리는 모두 환호했습니다. 발표 직전까지 짜릿짜릿 두근두근 거리는 가슴을 달래며 자연스레 두 손을 모으고, 대한민국의 영광과 기상청의 세계적인 도약을 위해 마음을 가다듬었습니다.

세계기상기구(WMO) 국제회의장에서.(스위스, 제네바)

발표 이후 지난 몇 달 간의 준비 과정이 주마등처럼 스쳐갔습니다. 저는 지난 14일부터 조하만 차장이 활약하신 1차반에 이어 21일부터 본격적인 선거운동을 벌였습니다. 선거기간 내내 일희일비가 이어졌으나 그동안 우리 기상청이 쌓아 온 공로는 국제사회에서 인정받기에 충분한 것이었습니다.

이번의 성공 원인은 첫째, 대한민국 국력을 바탕으로 제네바 대표부(박상기 대사님, 박효성 차석대사님)가 전 세계 국가에 협력을 요청한 것이 주효했고, 둘째, 1956년 WMO 가입 이후에 기상원조만 받던 우리가 지난 2000년대 이후 꾸준히 개도국을 지원한 것이 의미가 있었습니다. 아울러 지난 5년 사이에 기상 관련 국제회의를 3, 4차례 개최하고 아프리카, 아시아 국가를 상대로 기상교육과 KOICA 지원 원조를 한 것이 회원국의 마음을 움직였습니다. 셋째로는 이번에 구성된 대표단이 배수진을 치고 현지에서 헌신적인 활동을 했는데, 특히 국제협력팀의 노고가 컸습니다. 이밖에도 많은 성공 요인이 있지만… 한마디로 정리하면 대한민국을 바탕으로 '기상종합외교'가 통했다는 생각이 듭니다.

이번 성과는 앞으로 우리에게 많은 기회를 줄 것입니다. 그 동안 기상기술로는 세계 10위권이었지만, 기상외교(국제소통)에서는 30~40위권이었기에 상대적으로 성과가 덜 났으나, 이제 기상외교도 10위권에 진입하면서 국제사회의 신뢰를 바탕으로 기상원조를 통한 인류 공존과 세계평화에 기여할 경우, 우리 기상산업이 번창하고 우리 직원들이 세계 곳곳에 파견돼 활약하는 기반이 마련될 것입니다(모두들 어학 준비하세요). 이제 우리는 미국, 영국 등 선진국과 같은 방식으로 세계 속에서도 지속가능한 대한민국과 발전 가능한 기상청이 되는 시대가 열린 것입니다.

올 WMO 총회에는 170여 국이 참가하였으며, 각국 기상청장도 100여 명 넘게 오셨습니다. 이 분들과 일주일 내내 회의하고, 저녁에 만나고 하면서 개별 국가와도 의미 있는 미팅을 했습니다. 미국 기상청장, 중국 기상청장, 일본 기상청장 모두가 반가워했고, 특히 독일 기상청장은 1881년부터 26년 간 독일 선교사가 기록한 제물포(인천) 지역 기상자료를 주셔서 이를 연합뉴스가 보도하기도 했습니다.

총회 중에는 연합뉴스, 환경TV 등과 인터뷰했구요. 직원들과 기상산업 전시회, 유엔본부, 기후변화 현장, 제네바대학 등을 둘러보았습니다. 그리고 재선된 날 저녁 스페인 리셉션에 참가했을 때, 유엔 건물 뒤편 레만호수 상공에 쌍무지개가 떠서 우리를 축하해 주었습니다.

취임 이후 저는 우리 직원 여러분들 덕분에 하루하루가 짜릿짜릿하고 뿌듯합니다. 평소 각자 맡은 자리에서 열심히 해 주시는 덕분에 좋은 성과가 이어지고 있습니다. 가끔은 음악회나 동호회, 봉사모임에서 만나뵙길 기대합니다.

일을 열심히 할 수 있는 원천은 열정과 창의성입니다. 예보 등 기상기술로 국민들께 인정받고, 기상협력으로 세계인에게 신뢰를 주는 우리 직원들이 있기에 오늘은 하늘이 더욱 파랗고, 저의 발걸음도 가벼운 것 같습니다.

6·25와 대한민국

(2011. 6. 20)

아아~~ 잊으랴 어찌 우리 이 날을, 조국을 원수들이 짓밟아 오던 날을, 맨주먹 붉은 피로 원수를 막아내어, 발을 굴러 땅을 치며 울분에 떤 날을…

안녕하세요, 기상 가족 여러분. 위에 적은 노래 잘 알고 계시죠? 6·25 노래입니다. 북괴군의 남침으로 6·25전쟁이 일어난 지도 61년이 되어가고 있습니다. 6·25 때 태어난 분들이 벌써 환갑을 넘기셨을 정도로 오래된 전쟁처럼 보이지만 아직까지 그 후유증이 도처에 남아 있다고 해도 과언이 아닙니다.

어제 9명의 건장한 남자들 만으로 구성돼 있는 철원기상대를 방문했습니다. 몇 차례 순연된 일정이었지만, 마침 이번 주가 6·25 주간이고 근처에 백마고지, 철원 노동당사 등 전쟁기념물도 돌아볼 수 있어서 의미 있는 방문이 되었습니다. 철원기상대에 남자만 근무하게 된 사연(추위, 보안 등등)을 들어보니 정말 고생이 많구나 하는 생각이 들었습니다. 전방 철책선을 몇 Km 앞에 두고 험한 날씨와 외로움을 삭이며 고군분투하는 직원들께 다시 한번 고맙다는 말씀을 드립니다. 점심식사 후에 백마고지 전투 전승

6·25 이전부터 인민군이 노동당사로 사용하던 건물(철원) 앞에서.

비와 기념관이 있는 철원군 대마리를 찾았습니다. 백마고지 전투는 1952년 10월 6일부터 단 1주일 사이에 열 차례의 치열한 공방전 끝에 우리가 고지(395m)를 차지함으로써 휴전선의 동쪽이 북쪽으로 크게 올라간 세계 전쟁사에 유례가 없는 대단한 전투였습니다. 중공군 1만여 명이 죽거나 다치거나 포로가 되었고, 국군도 3천400명의 사상자를 내고, 총 27만5천여 발의 포탄이 발사됐던 엄청난 전투였습니다. 이 전투는 '백마고지의 3총사' 라는 제목으로 저의 초등학교 때 교과서에도 소개된 내용이라 그 현장을 멀리서나마 보는 것은 감개무량한 일이었습니다.

백마고지를 보고 차로 몇 분 나오니 지붕없이 앙상한 건물 외벽만 남은 그 유명한 '철원 노동당사' 가 나타났습니다. KBS 열린음악회 장소로도 유명한데요, 이 곳은 1946년 러시아 스타일로 북한에서 지은 건물로 6·25 전쟁 직전까지 수많은 반공열사를 고문하고, 취조하고, 그 시체를 뒷산에 묻은 북한의 학정을 대표하는 기념물로 국가 등록문화재로 등재돼 있습니다. 직원들과 노동당사 곳곳을 돌아보면서 60여년 전 그 곳에서 고통 받았을 수많은 애국열사들의 고귀한 정신을 되새겼습니다.

철원기상대 방문, 백마고지 전승기념관, 철원 노동당사 견학 등 의미 있고 뜻 깊은 하루를 보내고, 마음에 새로운 열정과 다짐을 하면서 서울로 돌아왔습니다.

기상 가족 여러분, 특히 이번 주에는 자녀들에게 6·25의 참뜻을 알려 주면서, 순국선열의 고귀한 희생이 있었기에 오늘날의 대한민국이 있게 되었다고 말씀해 주시기 바랍니다.

날씨가 점점 무더워지네요. 건강관리에 항상 신경 쓰시기 바랍니다.

기상청 사람들

(2011. 7. 4)

안녕하세요, 기상 가족 여러분.

저 개인적으로는 3월 1일과 7월 1일을 가장 좋아합니다. 3월 1일은 삼일절이기도 하지만, 긴 겨울잠에서 깨어나 새롭게 활동을 한다는 생각에 그런 것 같습니다. 반면에 7월 1일은 한여름으로 가는 길목인데도… .

내 고장 7월은 청포도가 익어가는 시절, 이 마을 전설이 주절이 주절이 열리고 하는… 이육사 님의 <청포도>라는 시 때문에 상큼하다는 느낌이 오버랩되면서 그런 생각이 고정됐는지도 모르겠습니다.

지난 달 21일 기상청을 퇴직한 선배님들의 모임인 청운회 회원들을 점심에 모셨습니다. 한 40여 분 오셨는데… 이제 갓 들어오신 60세 신참부터 88세(1923년생) 고참 선배님에 이르기까지 여러 분이 오셨습니다. 정창희

1982년 당시 기상대 예보국에 모니터용 컬러TV를 기증하는 장면.

교수님, 김광식 국장님, 박용대 청장님, 조희구 교수님, 심재선 선배님 등등… 물론 참석한 분들 모두 제가 예전부터 거의 다 아는 분들이지요. 그 중에 일본말을 잘 하셨던 류필선 예보관님은 출입기자였던 저에게 일본 기상책을 번역해 주시면서까지 도움을 주셨던 분이지요. 정확히 30년 전부터 뵙던 분들과 한자리에서 만나 옛 이야기를 하니 시간 가는 줄 몰랐습니다. 이 분들이 있었기에 오늘날의 기상청이 존재한다고 생각하니 그 노고에 감사할 따름입니다.

지난 6월 30일자로 전국에서 열 분의 선배님들이 정년퇴직을 하셨습니다. 그리고 같은 날짜로 1971년 3월 8일 입사하신 선배들이 공로연수에 들어갔습니다. 이 분들 역시 제가 27세의 새파란 청년기자 시절부터 뵙던 분들입니다. 저는 기상청 야유회에도 따라갔었고, 가끔은 술도 같이 하면서 좋은 추억을 만들었던 기억이 납니다.

제가 뵈었던 고참 선배님들이나 이제 정년을 하신 신참 선배님들은 순수함 그 자체라고 표현하는 것이 가장 알맞다고 하겠습니다. 출입기자로 예보관 브리핑에 참석하는 특혜(?)도 받았고, 저 역시 기자와 출입처 이전에 기상인이라는 공감대 속에서 같은 가족으로 대우를 해 주셔서 오늘날의 제가 있게 된 것으로 생각해 고마울 따름입니다.

앞의 선배님들 덕분에 우리 기상청은 세계 7위권의 '기상 선진국' 이 되었습니다. 50년 간 기상원조를 받던 우리가 이제는 15국 이상에 기상원조를 주는 나라가 되었습니다. 앞의 선배님들이 씨를 뿌리고 밭을 일구었기에 오늘날 우리가 튼실한 기상열매를 수확해 지구촌에도 나누어 주는 위치가 된 것입니다. 저에게 한 가지 꿈이 있다면, 기상 선진국이 되는 데 기여하신 모든 분들을 모시고 '기상인의 밤' 을 마련하는 것입니다. 시작이 반이라 잘 될 것 같지 않으세요?

여러분, 무덥고 습한 장마철입니다. 여름철 방재기간이라 몸과 마음이 많이 지쳐 있을 우리 직원들에게 내 마음 속의 '청포도' 를 드리고 싶습니다. '지금 잠을 자면 꿈을 꾸지만, 지금 노력하면 꿈을 이룬다' 라고요. 항상 건강하세요.

동두천 산사태와 워싱톤 기상회담

(2011. 8. 1)

안녕하세요, 기상 가족 여러분.

제가 미국 출장을 간 사이에 쏟아진 폭우로 많은 피해가 있어 마음이 무거웠습니다.피해복구에 선뜻 동참하시는국민들을 뵐 때 역시 한국의 저력이 대단하다는 생각이 들었습니다. 지난 주말 찾아 본 동두천기상대 입구 산사태 현장은 생각보다 심각한 상황이었습니다. 27일 밤 시청에서 기상 브리핑을 마치고 자동차로 귀대하던 홍순희 대장과 박근선 주무관이 마침 순식간에 쏟아지는 산 사태와 정면으로 맞닥뜨렸지만 그야말로 천운으로 화를 면했습니다.

다행히 동두천시와 경찰서의 협조로 현장이 정리되고 있었으며, 보다 근본적인 대책을 세워야 된다는 데 의견을 같이 했습니다. 현장을 보고 동두천시 재난종합상황실에 들러 브리핑을 받고 수고하시는 분들을 격려했습니다. 앞으로 남은 방재기간 중에도 업무에 최선을 다하는 한편, 우리 주변에도 안전사고가 날 곳은 없는지 항상 살펴 주시기 바랍니다.

지난 주 워싱톤에 도착했을 땐 40도의 불볕더위가 맹위를 떨쳤습니다. 그러나 다음 날부터는 낮 기온이 32도 대로 떨어져 지낼 만했고, 한·미 기상회의도 순조롭게 진행됐습니다. 젝 헤이즈 미국 기상청장은 기상 선진국에 진입한 우리나라와 더불어 후진국과 개도국을 도우면서 새로운 기상 시장을 개척하고자 하는 의지를 가지고 있었습니다. 아울러 2013년 태양 흑점 극대기에 나타날 통신대란 등 우주기상도 공동 대응키로 했으며, 종전과 같이 선진 기상기술의 역량 확대 부분에도 계속 협조하기로 했습니다. 회의 중간에 미국의 지역 기상대와 기상측기 테스트 베드도 둘러보면서 우리의 현재와 비교해 보는 시간도 가졌습니다.

26일(화)에는 미 국방성(펜타곤) 기상본부에 들러서 기상자료의 국방 분야 활용에 대한 협의를 했습니다. 그리고 관계자들의 안내로 9·11 비행기 테러로 100여 명이 희생된 현장도 가 보았습니다. 그 자리에는 기념물과 교회가 자리 잡고 있었습니다. 펜타곤에 이어 워싱톤 지역 방송국을 방

미국 ABC방송의 유명 기상캐스터와 함께.

문하고 기상방송 현장을 둘러봤습니다. 위 사진 속 인물은 30년 이상 기상캐스터를 한 분으로, 이야기를 해보니 서로 잘 통했습니다. 그리고 저녁에는 워싱톤에 거주하는 기상과학자들과 기상청의 발전상에 대한 이야기를 하면서 즐거운 시간을 보냈습니다.

27일(수)엔 국무총리를 지내신 한덕수 주미 대사님을 찾아뵙고 기상외교에 대한 설명을 드렸습니다. 기상 분야가 국가 외교활동에 기여하는 내용을 들으시고는 칭찬을 아끼지 않으셨습니다. 미국 활동의 마무리로 워싱톤 특파원들과 기자간담회를 가졌습니다. 기자간담회에서 제가 아이패드로 깔끔하게(^^) 설명을 하니까 모두가 만족해 하면서 많은 질문을 했습니다. 워싱톤에서 저와 같은 스타일로 기자간담회를 한 것이 처음이고, 신선하다고 평가해 줘 피로가 확 풀리는 느낌이었습니다. 미국 체류기간 중 자연사박물관, 링컨기념관 등 미국 역사의 현장을 돌아보는 시간도 의미 있었습니다. 이번 미국 출장을 통해 우리 기상청의 위상을 다시 한번 확인했고, 미국과 더불어 기상 세계화 전략을 펼치는 데 방향을 일치시키는 성과를 거두었습니다.

또다시 폭우가 예상되네요. 업무에 최선을 다하면서 건강도 챙기시기 바랍니다.

인생이 안 풀린다면 더욱 어려운 상대를 만나라

(2011. 8. 22)

안녕하세요, 기상 가족 여러분.

폭우와 폭염에 많이 힘드셨지요. 며칠 전부터는 서울의 아침 공기가 선선한 느낌까지 주고 있습니다. 그러고 보니 내일이 처서 절기라 자연의 섭리는 누구도 막을 수 없는 것 같습니다.

인생을 살다보면 일이 자기 뜻대로 안 풀리는 경우가 허다합니다. 10년 전 제가 방송국에서 험난한(?) 사회로 나왔을 때 가장 어려웠던 게 사람을 만나는 일이었습니다. 만나기 쉬운 상대는 일이 안 되고… 어려운 상대(의사 결정자)는 만나는 것도 문제지만 적절하게 대화를 하는 데도 꽤 오랜 시간이 걸렸습니다.

2006년 가을 한 대학의 최고경영자 모임(80명)에 다니면서 총무 역할을 한 것이 제 인생에 새로운 전기가 되었습니다. 각계 각층에서 성공한 수많은 리더들과 교류하면서 그 분들의 장점을 많이 배울 수 있었습니다. 모임 하나도 방송 프로그램 사회 보듯이 심혈을 기울여서 참석한 분들의 시간, 기회, 금전의 비용가치를 최대로 높였습니다. 그 결과 제가 속한 모임은 5년 만에 국내 최고의 CEO 커뮤니티(1,000명)가 되었습니다. 정말 보람 있었던 나날이었습니다.

지난 5년 동안 이 분들과 백두산 등정도 해보고, 사랑의 집짓기 운동(해비타트)도 하면서 봉사활동의 즐거움을 새삼 느꼈습니다. 때로는 예술공연도 함께 보고 실습도 해보았으며, 미사리 조정경기장에서 배를 저어보는 색다른 경험도 했습니다. 이러한 활동을 통해서 창의성도 키우고, 사람과 어울리는 법을 깨닫고, 어려운 상대와도 무난히 대화하게 되었습니다. 지내고 보니 이 모든 것이 '나는 할 수 있다' 라는 긍정의 힘이 바탕이 된 것 같습니다.

이제 대한민국의 국가기상업무도 명실공히 선진국에 진입했습니다.저는 우리 직원들이 역량을 키우고, 역할을 넓히는 데 도움이 된다면 어떤 일이든지 시도할 것입니다.

막바지 여름철 변덕 날씨의 연속입니다. 건강에 유의하세요.

회의 능력이 경쟁력이다

(2011. 9. 5)

안녕하세요, 기상 가족 여러분.

7, 8월의 폭우 피해를 보상이라도 하려는 듯 9월의 강렬한 햇빛이 내리쬐면서 들녘에 생기가 넘치고 있습니다.

지난 10여 일 넘게 계속된 고마운 햇빛이 곡식과 과일을 살찌워 늦더위가 물가안정에도 기여했다는 평가가 나오고 있습니다. 조직 생활을 하다보면 누구나 이런 저런 형태의 회의에 참석하는 것이 필수적입니다. 우리 청만 해도 팀·과·실·국 별로 많은 회의가 있어 여러분들이 직급이나 역할에 따라 회의에 참석하게 됩니다. 특히 우리 청의 경우 화상회의를 잘하는 국가조직 중 하나로, 이러한 회의를 통해서 기상정보를 생산하고, 조직의 목표와 비전을 공유하며 실행합니다.

취임 7개월이 가까워오는 저도 지금까지 수백 번의 각종 회의를 통해 기상청 업무를 파악하고, 성과를 내기 위해 노력해 왔습니다. 그 동안 대통령님이 주재하신 국무회의 등 국가 차원의 각종 회의는 물론, 국제회의와 행사에 참석해 기상업무를 통해 국정에 기여하고 국격을 높이는 데 일조했다고 생각합니다.

맨 처음 국가회의에 참석했을 땐 낯이 설어 발언을 제대로 하지 못한 경우도 있었습니다. 그 후부터는 정신을 바짝 차리고 회의에 열중한 결과 우리 청에 조금이라도 관련된 경우에는 타이밍을 놓치지 않고 적절하게 발언함으로써 상당한 성과를 거두는 경우가 많았습니다. 특히, 최근에 처음 참석한 기재부 장관님이 주재하신 '경제정책조정회의' 에서는 국가기상업무의 역할을 물가안정, 재해보험과의 상관성에 대해 설명해 기상산업 육성을 적극 도와 주시겠다는 약속을 얻어냈습니다.

돌이켜보면 아찔했던 회의 순간도 있었습니다. 지난 3월 중순 일본 대지진 관련 야당 고위정책회의에 참석했을 때는 예상치 못한 수십 대의 카메라가 지켜보는 가운데 회의가 진행돼 상당히(^^) 당황한 경우도 있었습니다. 지난 8월 22일부터 사흘 간은 매일 아침부터 밤 12시까지 환노위와 예산결산위원회에 참석했었는데, 그야말로 '졸면 죽는다' 라는 군대용어가 실감날 정도였습니다. 그러나 지내고 보니 그 사흘은 국정 전반에 걸쳐 많은 내용을 알게 된 소중한 시간이었습니다.

기상청에서 열린 총리 주재 회의 모습.

이번 기회에 우리 직원 여러분께 크든 작든 회의 참석 시에는 철저히 준비를 하라고 말씀드리고 싶습니다. 회의 시 발언을 사전에 반드시 정리해서 듣는 상대방으로 하여금 공감대를 이끌어낼 수 있게 하는 것입니다. 매번 준비를 잘하다 보면 본인의 PT 실력과 업무 파악 능력이 좋아지면서 조직에서의 역할도 증대될 것입니다. 늘상 있는 회의, 귀찮다 마시고 준비에 좀 더 투자를 하면 회의는 물론, 직장생활도 즐거울 것입니다.

꼭 한번 실천해보세요. 추석이 다가오네요. 준비 잘하시고 건강하세요.

기상청의 위대한 탄생

(2011. 11. 7)

우아~ 아우~ 끊이지 않는 박수와 웃음소리.

저 역시 시간이 갈수록 기대 이상의 장면이 펼쳐지는 데 놀라움을 금치 못했습니다.

슈퍼스타 KMA~ 그렇습니다, 우리가 해냈습니다. 우리 직원 모두가 슈퍼스타요, 우리 기상청이 바로 대한민국 발전상의 아이콘이자 슈퍼스타였습니다.

공연 내내 환호하고 만족해 하는 직원들 속에서 저 역시 행복했습니다. 이렇게 재능이 많고 잠재력 있는 직원들과 무슨 일인들 못 이루겠습니까. 슈퍼스타 KMA는 62년 역사의 기상청이 새로운 탄생을 알리는 신호탄이었습니다. 우리 직원들이 행복하면 저도 행복하고, 국민 여러분도 행복할 것입니다. 세계 기상계의 다크호스 우리는 KMA입니다.

슈퍼스타 공연과 더불어 열렸던 '아나바다 장터' 나 '일일 찻집' 도 성황리에 끝나 만족스러웠습니다.우리 주변에 물건들이 풍족해지면서 저 역시 아끼는 습관이 많이 무뎌졌습니다. 다시 한번 물자와 에너지를 아끼고, 아나바다 장터 등 자선모임을 통해 나눔과 봉사를 습관화하는 것이 필요합니다.

지난 주에 인상적인 행사가 많았지만, 아프리카 국가의 기상청장 다섯 분 등 지역 기상전문가들과 기후변화대응 국제심포지엄을 한 것이 좋았습니다. 우리 기상청의 눈부신 발전상에 깊은 감명을 받아 방한 내내 기상장비, 예보기술, 자문단 파견 요청 등 제가 생각한 이상의 주문들이 쏟아졌습니다. 이제 우리는 국제협력과 기상산업, 기상청 외연 확대 등 3~4 마리 토끼를 한꺼번에 잡는(토끼띠에게는 죄송^^) 성과를 거두게 될 것입니다.

그밖에 인근 초·중·고 선생님들과 소통의 시간을 가졌고, 이번에 처음 개설된 국제협력전문가 양성과정에 참여한 팀과도 의견을 나누었습니다. 주 초에는 대통령님이 주재하시는 신재생에너지 대책회의에도 참석하고,

주말에는 중앙공무원교육원에서 100여 명의 정부 부처 실·국장과 공공기관 임원들에게 새로운 국가기상업무에 대해 소개하는 시간을 가져 많은 호응을 얻었습니다.

바쁜 나날이지만 여러분과 함께하기에 즐겁고 기쁩니다. 우리 함께 '행복의 회전목마' 를 타고 빙빙 돌아봅시다. 이번 주는 2012 예산문제가 이슈지만 그 동안 직원들이 열심히 했기에 잘 될 겁니다.

항상 건강하시고, 좋은 시간 보내시기 바랍니다.

지성이면 감천

(2011. 11. 14)

안녕하세요, 직원 여러분. 지난 한 주 저는 무척 행복했습니다.

지성이면 감천이라고 드디어 구라청, 거짓말의 달인이라고 불리던 우리가 '쪽집게 도사' 가 되었습니다.

지난 11월 8일 저녁 10시, 시청률 25%를 자랑하는 SBS 인기드라마

<천일의 약속>에서 인정받았습니다. 이 드라마는 한국 최고의 드라마 작가 김수현 선생님이 집필한 것입니다. 오른쪽 화면에 두 남녀 주인공이 대화하는 모습을 첨부했습니다. 요즘 국민들께서 우리 청에 대해 느끼는 신뢰가 아닌가 생각하며, 일기예보를 가족 다음으로 신뢰하도록 매진합시다.

지난 11일 오후 온천으로 유명한 온양관광호텔은 전국에서 모인 90여 우리 기관장들의 열기로 가득 찼습니다. 진지하고 열정적인 모습으로 회의를 하고 강의를 듣는 모습에서 강한 자긍심이 읽혀졌습니다. 올 한 해 함께 이룩한 성과를 서로 격려하고, 내년에는 더욱 세련되고 국제화된 전문가 집단의 위상 만들기를 다짐했습니다.

다음 날인 12일엔 독립기념관을 방문해 숙연한 마음으로 일제 침탈의 아픈 과거를 되돌아봤습니다. 점심은 유명한 병천순대. 우리 전 직원이 함께 못해 정말 아쉬웠습니다.

병천순대를 먹고 달려간 곳은 백제의 고도 공주(公州) 하고도 공산성. 얼마 전 '이름이 새겨진 1500여년 전 장군의 갑옷'이 발견됐다는 그 곳입니다. 공주대학교 이현숙 학예연구사의 설명을 들으면서 백제시대 그 곳에서 일어났을 법한 일들을 다큐 드라마처럼 머릿속에 상상해보았습니다. 갑옷이 발견된 곳은 산에 위치한 공산성에 비가 내리면 물이 금강으로 빠지는 수문지역인데, 오랜 세월 동안 비로 인한 토사 유출로 갑옷이 7m 이상되는 땅 속에 파묻히게 된 것입니다. 출토품 중엔 밤 껍질도 있었다는 데 요즘도 공주밤이 유명한 것을 보면서 기후변화가 거의 없었다는 생각도 해봤습니다. 저녁엔 공주문화원(원장 나태주)에서 시민들을 상대로 마음껏 기상청 자랑을 했습니다.

SBS월화드라마 <천일의 약속> 8회(2011.11.8. 22시)

극본 : 김수현 / 주연배우 : 김래원, 수애

시청률 : 약 20%

지난 주에 이어, 이번 주에도 국회예산결산위원회가 열리게 됩니다. 지난 주에는 오전 10시부터 밤 12시까지 사흘 간 이어진 고된 일정이었지만, 저 같은 공직 초년병에겐 국정을 전반적으로 이해하게 된 귀중한 시간이었습니다. 8일 환노위 소위에서는 우리 기상청 예산안이 단 10분만에 통과됐는데, 우리는 물론이고 여야 위원님들도 정말 놀라시면서 기상청이 열심히 한다고 격려를 해 주셨습니다. 이번 주 분야별 전체 예결위 때도 최선을 다할 것입니다.

지난 주 초에는 기상1호 선원 등 부산청 직원들이 모처럼 국회를 방문했는데 식사도 같이 못해 너무 미안했습니다. 그래서 사진을 날씨편지에 담았습니다. '행복하기에 웃는 것이 아니라, 웃으니까 행복해지더라' 는 말이 있습니다. 요즘 저는 행복합니다. 여러분도 그러시죠? 우리가 하는 일에 자긍심과 열정을 가질 때 긍정 바이러스가 온 국민에게 확산될 것입니다.

단풍이 막바지네요. 틈내서 즐기시고, 항상 건강하게 보내세요.

상을 타는 즐거움

(2011. 12. 12)

안녕하세요, 기상 가족 여러분.

학창 시절 방학이 시작되면 즐거운 기분이 들지만, 그 날은 성적표가 나오는 날이라 불안감도 겹쳐집니다.

정부업무평가 결과가 발표된 지난 6일(화) 정부 중앙청사 별관의 분위기는 희비가 엇갈렸습니다. 우리 기상청은 평가 대상 6개 분야 중 핵심정책 부문에서 19개 청 중 2위, 정책만족도에선 정책부문 1위, 민원부문 3위의 놀라운 점수가 나왔고, 다른 분야도 모두 보통 이상으로 평가되었습니다. 그리고 저한테 2분 30초 가량 발언 기회가 주어져 국가기상업무에 대해 총리님, 장차관님 등 100여 참석자 앞에서 마음껏 자랑을 하기도 했습니다. 모두가 우리 직원들이 올 한 해 힘을 합친 결과입니다. 아마 포상금도 몇천만 원(?) 나온다니까 기대해보시죠.

12월 9일(금)은 우리 기상청의 역사적인 날 중의 하나입니다. '기후변화대응 재난관리개선 종합대책' 회의에 참석하기 위해 김황식 총리님을 비롯해서 여러 장차관님, 그리고 정부, 지자체, 공공기관, 민간위원 등 거의 60명이 참석하시고, 관계 직원만도 200명 가까이 기상청을 찾아 주셨습니다. 이번 회의를 계기로 기상청의 기후 분야 역할이 분명해졌고 위상도 크게 올라갔습니다. 총리님께서 구내식당에서 직원들과 함께 식사도 하시고, 국가기상센터도 방문하셨습니다. 많은 분들이 이번 행사를 잘 치렀다고 칭찬을 해 주셔서 어깨가 으쓱했습니다. 모두들 수고 하셨습니다.

기상청을 방문한 김황식 국무총리에게 국가기상업무를 설명하고 있는 필자.

5일(월), 우리 청에서는 사랑의 김장 나눔 행사가 열렸습니다. 기상청 봉사모임인 단비회와 청해복지재단의 지원으로 마련된 것인데요. 어렸을 때 김장 날 김치를 얻어먹던 추억이 생생합니다. 이번에는 직접 김치소를 넣어보는 재미 있는 경험도 해보았습니다. 1,000 포기의 김치가 불우 이웃들이 추운 겨울을 나는 데 다소나마 도움이 되었으면 합니다.

6일(화) 저녁에는 기상캐스터, 기상리포터들과 대화의 시간을 가졌습니다. 제가 1981년 기상전문기자로 처음 방송사 직원이 된 후에 30년만에 전국에서 약 100명 가량의 기상 방송인들이 활약한다고 하네요. 격세지감을 느꼈습니다.

7일(수)엔 강원대학에 가서 특강을 하고, 저녁에는 최문순 강원지사님과 식사를 하면서 기상기후 업무의 협조방안을 논의했습니다. 그리고 8일(목)엔 양평 기상관측소를 둘러보고, 군청에서 근무하는 공무원을 상대로 특강을 했습니다. 올해가 수치예보 시작 20주년이라 지난 6일(화) 코엑스에서 기념 세미나를 열고 그 동안 수고하신 분들께 감사패를 드렸습니다.

한 해 우리 직원들이 합심하고 노력해 준 덕분으로 놀라운 성과물들이 속속 만들어지고 있습니다. 올해도 20일이 남았네요. 마무리 잘해서 내년을 기약합시다. 모두들 수고하셨고, 파이팅입니다.

2011년은 기상청 역사의 뜻 깊은 전환점

(2011. 12. 26)

안녕하세요, 기상 가족 여러분.

지난 17일 북한 김정일 국방위원장이 사망했습니다. 갑작스런 그의 죽음 때문에 한반도 정세가 급격히 변할 가능성도 있기에 우리 정부는 신속히 모든 조치를 취했다가 지난 23일자로 조금 완화했습니다. 연평도 포격과 천안함 사건을 일으킨 장본인들이 사과는커녕 시인도 안 하면서 조문 운운… 하는 것을 보면 참 뻔뻔하다는 생각이 듭니다. 북한 주민에 대해 인도적인 생각을 하는 것은 좋지만, 북한 위정자들이 섣부른 판단을 하지 못하도록 모두가 배전의 노력을 기울여야 되겠습니다.

우리 기상청은 연간 크고 작은 행사를 130여 차례 치르고 있습니다. 기관 행사는 하나하나 의미가 있기에, 할 때 충분한 성과를 내는 것이 중요합니다. 행사를 잘 못하면 예산 손실, 기회 손실, 시간 손실 그야말로 최악의 상황이 됩니다.

반대로 행사를 잘하면 기관의 품격이 오르고, 정책과 프로젝트 진행이 원활해지며, 특히 담당자의 사기가 높아집니다. 지난 12월 9일 총리님을 모시고 재난관리개선 행사를 개최한 이후에 우리 기상청의 행사 수행 능력이 상당히 좋아졌습니다. 차제에 20일(화)에 관계자 브레인스토밍을 했는데요, 내년부터는 행사를 진짜 잘해서 '세련되고 전문화된 국제적 전문집단' 이 됩시다.

올 한 해 우리 기상청은 외부로 부터 많은 상을 받았습니다. 그리고 정부업무평가에서도 사상 유래 없는 좋은 성적을 거둬 상금만 8000만 원을 받아 무엇에 쓸까 고민 중입니다. 한편으론 내년에도 이러한 성과 이상을 거둬야 된다는 부담이 많은 것 같습니다.

그러나 우리 직원들이 그 동안 내공을 제대로 발휘하지 못했었기에… 올해처럼 즐겁게 일하고 행사나 생각, 커뮤니케이션 등 '디테일' 만 조금 다듬으면 내년에도 올해 같은 성적을 내리라 확신합니다. 저도 내공을 다 끌어내겠습니다. 같이 파이팅입니다.

지난 주에도 여러 행사가 있었습니다. 21일엔 제3차 대학생 기상캠프가 열려 특강을 했고요. 22일에는 과거 기상청과 과기부를 출입했던 시니어 기자들을 모시고 정책 브리핑 시간을 가졌습니다. 또 23일엔 기상연구소의 '젊은 피' 들과 도시락 미팅을 했는데 분위기가 매우 좋았습니다. 그리고 23일 아침 KBS TV에 출연해서 우리 직원들이 모은 사랑의 성금 1,050만 원을 기탁하고 단비회 활동상을 자랑했습니다.

올해 2011년은 제 인생에 있어서 가장 의미 있는 해라고 단언코 이야기할 수 있습니다. 어려운 순간마다 직원들과 함께 뛰어 놀라운 성과를 이루었기에 더욱 기쁩니다. 내년에도 업그레이드된 여러분과 저의 내공이 어디로 도망가지는 않겠지요.

직원 여러분, 감사했구요. 연말 잘 보내시고, 새해 복 많이 받으세요.

꿈은 이루어진다

(2012. 1. 16)

안녕하세요, 기상 가족 여러분. '꿈은 이루어진다' 어디서 수도 없이 보고 들은 슬로건이죠.(2002년 월드컵 때부터) 제가 청장 취임 후 꿈 중 하나가 대통령님께 국가기상업무의 진면목을 브리핑 드리는 것이었는데요. 그 꿈이 지난 주말에 그것도 그야말로 한방에 이루어지네요.

14일(토), 청와대에서 열린 2012년 장차관 워크숍에서 제가 '구라청에서 천일의 약속까지' 라는 8분짜리 기상청의 조직, 내부 공감을 통한 성공사례를 발표해 참석하신 140여 장차관, 청장, BH 수석님들로부터 큰 호응을 얻었습니다. 어떤 청장님은 발표를 들으며 가슴이 뭉클(?)했다는 표현으로 찬사를 보내 주셨습니다. 저도 지난 세월 수천 번 방송에 출연하고, 각종 회의에서 발표를 해봤지만 이번 처럼 설레고 떨린 적은 없었습니다.

아침 8시부터 시작된 워크숍은 거의 쉴틈 없이 12시간 연속 진행되면서, 일자리 창출, 학교폭력 문제, 국제개발원조, 현장 소통 & 내부 공감 등의 주제가 다루어졌고, 진지한 토론을 통해 해결책을 다듬었습니다. 발표 준비를 하면서 1주일 동안 몸과 마음을 추스렸고, 마치고 나니 진은 빠졌지만 행복한 주말을 보냈습니다.

지난 주엔 또 하나 굵직한 행사를 치렀습니다. 바로 13일(금) '환경부장관 2012년 업무보고' 였는데요. 모두 준비를 잘해서 내용이나 형식 면에서 깔끔하게 됐습니다. 올 정부부처 업무보고에서 사무관들의 능력과 역할을 보여 줌으로써 관가에 신선한 바람을 일으켰는데요, 우리 기상청 역

청와대에서 열린 장차관 회의 장면.

시 희망이 보였습니다. 지난해 총리님을 모신 행사 이후에 업그레이드되면서 이제 우리 행사의 수준이 몇 단계 올라간 것 같습니다. 부디 아무리 작은 행사라도 내용이나 형식이 후퇴하지 않도록 부탁드립니다. 이제 디테일과 마무리가 조직의 수준을 좌우하는 시대입니다.

지난 9일(월)엔 신임 국장과 지방청장에 대한 임명장 수여식이 있었구요. 10일(화)엔 원자력안전위원회 윤철호 부위원장님과 융합행정에 대한 협의를 했습니다. 11일(수)엔 두 달에 한 번씩 하는 교통방송의 '칼럼방송'을 녹음했구요. 12일(목)엔 박경국 충북 부지사님이 오셔서 몇 가지 업무협의를 했습니다. 지난 11일(수)이 제 생일이었는데 축하해 준 직원 여러분께 감사드립니다. 지난 주는 생일이 들어 있어 그런지 유형 무형의 큰 선물을 많이 받았습니다. 모두에게 감사드립니다.

설 연휴가 서서히 다가오네요. 설 준비 잘하세요. 그리고 가족 건강, 본인 건강도 꼭 챙기세요. 주변에 감기환자가 많더군요.

취임 1주년과 세유전국

(2012. 2. 13)

안녕하세요, 기상 가족 여러분.

날씨편지를 쓰려니 감개무량하네요. 1년 동안 정말 후회없이 뛰어 본 것 같습니다. 모두가 직원 여러분들이 함께해 준 덕분입니다.

지난 1년 저는 기상 분야 입문 39년째를 맞아 열심히 뛰었고, 앞으로도 여러분과 함께하면서 공동 목표를 향해 매진할 것입니다. '혼자 꾸면 꿈이지만, 모두가 함께 꾸면 현실이 된다' 라는 말을 가슴에 새기면서 제 인생의 동반자인 직원 여러분께 감사의 인사를 전합니다.

지난 10일(금) '세유전국' 마무리로 강원청(청장 조주영)을 다녀왔습니다. 단체 댄스로 시작된 강원청의 세유전국은 저녁 회식을 마치는 밤 8시 30분까지 4시간 동안 웃음과 즐거움의 연속이었습니다. 제가 기상청에서 각종 행사를 하면서 가장 많이 웃어보았습니다. 재치 있고 발랄한 모습으로 자신과 조직의 미래 모습을 그려가는 젊은 직원들을 보면서 새로운 기(氣)가 충만함을 느꼈습니다. 어려운 근무 여건에도 새로운 각오를 다지고 자신의 꿈을 이야기하는 직원들이 정말 자랑스러웠습니다. 꽃피는 봄에 강원청 관내에서 벌어질 축구대회를 기약하면서 서울로 향했습니다.

날씨편지의 마무리는 지난 번 3박4일 간의 중국출장(2.5~2.8) 이야기입니다. 먼저 이번 중국 출장을 계기로 중국을 다시 보게 되었다 라는 말씀을 드립니다. 한·중은 지난 수천 년 동안 싫든 좋든 영향을 받아온 사이죠. 이번에 저는 중국이 스케일도 크지만 디테일도 점차 강해진다는 인상을

정국광 중국 기상청장(왼쪽)과 함께.(중국 항저우)

받았습니다. 중국 방문 내내 중국 기상청장을 비롯한 관계자들로부터 진심어린 환대를 받았습니다. 특히 상해기상국을 방문해서는 우리와 태풍, 도시기상, 해상기상 등에서 밀접한 협력이 필요하다는 인식을 같이 했습니다.

항주의 서호를 돌아보며 중국의 디테일을 생각했고, 상해 푸동에 있는 동방명주 탑과 고층빌딩의 숲 속에서 중국의 웅장함이 느껴졌습니다. 하지만 기상업무에 대한 열정과 디테일 측면에서 우리가 일부 앞선다는 생각이 들면서, 이들과 협력을 통해 상호 발전하는 계기로 만들어야겠다는 생각을 했습니다. 이번 3박4일 중국 출장은 저의 세계관이나 기상관을 바꾸기에 좋은 기회였으며, 마지막 날 점심을 상해 총영사님과 하면서 이 같은 생각을 더욱 굳히게 되었습니다.

지난 1년, 여러분 덕분에 제가 여기까지 온 것 같습니다. 이제 조직별 '1차 세유전국' 을 마치고, 앞으로 콘텐츠 중심의 '2차 세유전국' 을 시작하겠습니다. 이제 콘텐츠형 세유천국은 전국에서 모일 우리 직원들이 편한 마음으로 준비하며 즐거운 마음으로 동료들을 만나 소통하고 공감하시라는 말씀을 드립니다. 2차 세유전국에도 시간과 체력이 허락하는 한 제가 반드시 가겠습니다. 항상 건강하세요. 직원 여러분.

기상 선진국으로 우뚝 선 기상청

(2012. 3. 26)

안녕하십니까, 기상 가족 여러분. 어떤 시인은 봄이 아장아장 걸어온다고 했는데요. 지난 주말의 산간 폭설과 체감 추위는 겨울 못지 않았습니다. 우리 생일이 있었던 지난 한 주는 즐거움과 자부심의 나날이었습니다.

일주일 전부터 예보팀이 예측했던 봄비가 내리는 가운데 2012년 세계기상의 날이 시작됐습니다. 올해는 특히 '기상 선진국으로 우뚝 선 기상청' 이라는 슬로건 하에 메리파워 WMO 국장을 비롯해 라오스 기상청 차장, 멀리 탄자니아에서까지 세계 기상 가족들이 오셔서 축하를 해 주었습니다. 유영숙 장관님은 옷까지 하늘색으로 바꾸어 입으시는 배려와 따뜻한 격려 말씀을 주셨습니다. 훈장을 받으신 조희구 교수님, 권원태 소장님, 이기화 교수님 등 수상자께 다시 한번 축하드립니다.

화기애애한 점심을 마치고 2층에 마련된 기상기후 산업전을 둘러봤습니다. 우리 기상시장이 1조 대가 되면 원이 없겠다는 생각을 해봅니다. 오후에는 우리 KMA의 미래 역할에 대해 국내외 전문가들이 좋은 방향을 제시해 주었습니다. 인근 초등학교, 우리 기상 가족들도 오셔서 좋은 프로그램을 즐기는 모습이 보기 좋았습니다. 밤 11시 KBS 뉴스라인에 출연해 우리 기상청 자랑을 신나게 한 후에 집에 오니 밤 12시가 넘었지만, 정말로 뿌듯했던 하루였습니다. 모두들 수고하셨구요, 올 한 해 대한민국의 기상 영토를 넓힙시다

이번 기상의 날 주간에 최대 히트작의 하나가 진품 측우기 공개라고 생각합니다. 19일(월) 오후에 측우기 공개식을 하러 1층 현관 로비로 나갔을 때… 저도 제 눈을 의심했습니다. 취재기자와 카메라가 구름처럼 와 있는데 믿기지 않아서입니다. 기상청 유사 이래 가장 많았다고 하네요. 아무튼 측우기는 우리 민족의 자랑입니다. 지금부터 570년 전 세계 최강의 기상 선진국이었던 우리가 6·25전쟁의 폐허를 딛고 또다시 세계의 기상강국으로 오르는 기적을 연출했습니다. 우리 조상님들이 존경스럽고, 또 우리 기상인 선배님들이 자랑스럽습니다. 측우기 관측시스템은 인류 최고의 발명품이라는 '일기예보' 를 탄생시킨 원동력입니다.

올해는 차원을 넓혀 세계 속에 한국 기상청을 부각시켜 보려고 했습니다. 그래서 WMO나 그 동안 우리와 국제협력을 해왔던 국가의 기상 관계자를 초청해 상호 친선과 신뢰를 두텁게 하는 시간을 가졌습니다. 과거 우리 선배들이 기상 선진국에 가서 하나 하나 배워오는 모습을 떠올리면서 이 분들과 즐거운 시간을 보냈습니다. 저도 이 분들 덕분에 서울에 살면서 40년만에 처음으로 남산타워에 올라가서 서울 야경을 봤는데요. 그

야말로 등잔 밑이 어두웠다는 표현밖에는 없더라구요. 여러분들도 기회를 만들어서 꼭 가보시기 바랍니다.

지난 한 주도 바쁜 나날이었습니다. 19일(월), 봉종헌 전 청장님 소개로 과우회 회원들이 본청과 진천 위성센터 등을 방문하시고, 기상청 발전에 감탄을 아끼지 않으셨습니다. 20일(화), 백령도 초등생들이 청에 구경 왔는데 요즘은 아이들이 너무나도 구김살이 없어서 보기 좋았습니다. 22일(목), 물의 날 행사에 참여했는데, 주제가 '기후변화로부터 안전한 물'이었습니다. 22일 오후에는 과거 스타일로 관측하고 손으로 일기도를 그려보는 경연대회를 하고 참가자를 격려했습니다. 21일(수)엔 우리 주변을 항상 깨끗하게 해 주시는 환경미화원 팀과 점심을 했습니다. 30일 진천, 오창 봄나들이 잘 다녀오세요. 24일(토), 기상 가족들과 국립박물관을 찾았습니다. 쌀쌀한 날씨 속에 역사탐구를 위해 초롱초롱 빛나는 눈망울의 아이들과 함께하며 대한민국의 희망을 보았습니다.

오늘부터 이틀 일정으로 핵안보정상회담이 서울에서 열립니다. 성공적 개최를 위해서 우리 모두 힘을 모아야 하겠습니다.

3월 하순이 되면 아장아장 오던 봄이 달려온다고 하네요. 저도 이제 지방으로 많이 다니면서 여러분들을 찾아뵐게요.

항상 건강하시고, 가정에도 행운이 깃드시기 바랍니다.

여수세계박람회와 JCOMM

(2012. 5. 28)

안녕하세요, 기상 가족 여러분.

계절의 여왕 5월답게 쾌청한 날씨가 이어지고 있는데요, 연휴 편안히 보내셨나요.

23일(수)은 국제사회에서 대한민국 기상청의 위상을 다시 한번 확인한 날이었습니다. 여수세계박람회 기간 중 열리는 국제행사 가운데 가장 규모가 큰(52개 국 300명 참석) 제4차 JCOMM 총회가 여수에서 열려 WMO와 IOC가 협력해 글로벌 차원의 해양과 기상문제에 대한 협의를 했습니다. 개막식에는 미쉘자로 WMO 사무총장, 웬디 왓슨 IOC 사무총장, 박준영 전남지사님 등이 참석하셔서 자리를 빛내 주었습니다. 저는 미쉘자로 사무총장 등과 기자회견도 하고 오찬과 만찬을 주재하면서 KMA의 위상을 높였습니다. 특히 기상청 홍보 동영상에 놀라는 각국 대표가 많았고, 만찬 때 국악관현악단도 너무 좋았습니다. 캔클로포드 단장의 한국 기상업무 발전상에 대한 강연도 훌륭했고, 마침 참석한 러시아 대표단과도 유익한 미팅을 했습니다. 이번 총회를 유치하고 진행하고 있는 모든 분들께 진심으로 감사의 인사를 드립니다.

제이콤 총회 행사 사이사이에 여수박람회 주제관을 몇 군데 둘러보았습니다. 기후변화관에서는 인공적으로 만든 추위 속에서 북극곰을 만나기도 했고, 해양관에서는 돌고래를 타고 다니는 소년의 이야기를 감명 깊게 봤습니다. 로봇관에서 많은 흥미가 있었는데, 동해 1,500미터 해저를 개발하기 위해 투입된 여러 종류의 로봇을 보면서 향후 30~40년 내 충분히 이루어질 수 있겠다는 생각을 했습니다. 자리를 옮겨 물고기 로봇도 만나봤는데, 매우 상품성이 높은 작품 중 하나였습니다. 쾌청한 날씨 속에서 여수박람회를 찾는 인파가 늘어나는 것 같습니다. 꼭 한번 가보세요.

24일(목), 여수 돌산에 있는 향일암을 찾았습니다. 향일암은 해돋이를 잘 볼 수 있는 유명한 곳으로, 신라시대 때 원효대사님이 다녀가는 등 예로부터 고승들이 이 곳을 찾아 불도를 닦았다고 합니다. 아닌게 아니라 풍광도 수려하고, 남해가 보이는 전망도 매우 훌륭했습니다. 28일(월) 부처님 오신날을 맞아 연등을 걸어 놓고 불공을 드리는 분이 많았습니다. 부처님의 편안한 모습과 과거 이 곳을 다녀 갔다는 고승들의 가르침을 마음으로 새기고 나니 기분이 한결 상쾌해졌습니다. 향일암 답사 강추합니다. 22일(화)은 '2012 기상-강우레이더 융합행정포럼' 이 열리는 공군회관을 찾아 관련 기관 간에 좀더 유기적인 협조를 강조했습니다.

24일(목), 여수에서 올라오자마자 기상연구소 워크샵이 열리는 영종도를 찾았습니다. 젊은 직원들에게 더 큰 비전과 국제감각을 가지고 연구해 달라는 당부를 했습니다. 25일(금), 이준식 국과위거대공공위원장 일행이 기상청을 방문했기에 미팅과 오찬을 하면서 상호 이해 폭을 넓혔습니다. 같은 날 종로에 있는 녹색성장위원회 사무실로 가서 30여 직원들에게 의

JCOMM 회의에 참석한 세계 각국 대표들이 단체사진을 찍고 있다.

미 있는 기상 강연을 해서 큰 관심을 끌었습니다. 26일(토)은 2012 공직박람회가 열리는 AT센터를 방문해서 우리 기상청 부스, 해양경찰청 부스 등 곳곳을 둘러보고 직원들과 오찬도 했습니다.

세상을 살다보면 보름달보다 달을 가리키는 손가락을 주시하다 일을 그르치는 경우가 많습니다. 저 역시 그런 우를 범하지 않기 위해 끊임없이 자문을 해봅니다. 연초에 제가 여러분께 말씀드린 '세유전국'에 추가해 열린 마음으로 소통하고 즐거운 마음으로 일하시라는 말씀을 드리고 싶네요.

항상 가정이 편안하시고 건강하세요.

평창동계올림픽과 기상지원

(2012. 6. 11)

안녕하세요, 기상 가족 여러분.

지난 주에 충청 이남 지방을 중심으로 비가 내리고, 서울에도 잠시 소나기가 쏟아져 갈증을 조금 풀어 주었습니다.

계절에 따라 날씨가 알맞게 진행되는 것이 얼마나 고마운 일인지 요즘 새삼스럽게 느끼고 있습니다. 우리나라는 월드컵, 하계올림픽 등 국제적인 행사를 모두 치른 나라이고, 이제 2018년 평창동계올림픽만 치르면 마침표를 찍게 됩니다. 4일(월), 오후 평창에서 평창동계올림픽조직위원회(위원장 김진선)와 업무협약 MOU를 맺고 스마트한 기상지원 방안을 협의했습니다. 기상조건은 경기력은 물론 관람객과 대회기간 중 모든 행사에 영향을 미치기 때문에 대회의 성공적 개최 여부를 좌우합니다. MOU를 맺고 경기장 이곳 저곳을 직원들과 둘러보다가 전망대에 갔는데 마침 기상청 기획국장을 지낸 박항식 대전과학관 관장님 일행을 만나 이야기 꽃을 피웠습니다. 같은 날, 내년에 열리는 평창스페셜올림픽 기상지원을 위해 조직위원회(위원장 나경원)와 MOU를 맺고, 지적장애인 선수들의 대회이니 만큼 더욱 세심한 기상지원을 약속했습니다.

5일(화), 환경의 날 기념식이 열리는 여의도 광장을 찾았습니다. 환경의 날은 환경보전의 중요성을 널리 알리고, 저탄소 녹색성장 성과를 국민 모두가 체감할 수 있도록 하는 데 의의가 있습니다. 김황식 국무총리님, 유영숙 환경부장관님 등 많은 분들이 참석하셔서 기념식이 성황을 이루었고, 포상자도 많았습니다. 기념식이 끝난 후 우리 기상청 홍보 부스를 둘러보았습니다. 기상청 홍보 판넬이 잘 정리되어 있고, 지난 번 청소년을 대상으로 공모했던 기후변화 포스터가 일반인들의 눈길을 많이 끌었습니다. 담당했던 기후과학국팀 모두 수고하셨습니다.

6일(수), 오전 현충일 행사에 참석 차 현충원에 갔습니다. 현충일 행사

에는 대통령님을 비롯해 8,000여 국민이 함께하며 경건하게 치렀습니다. 행사 전에 국립묘지 일부를 돌아봤는데, 여기 모신 호국영령 덕분에 오늘날의 대한민국이 존재한다고 생각하니 마음이 숙연해졌습니다. 행사를 마치고 몇몇 직원과 남양주 진접에 있는 이원철 초대 기상대장님 묘소를 참배했습니다.

이 대장님은 우리나라 최초의 이학박사로, 1945년 미 군정청 기상과장을 시작으로 초대 기상대장이 되셔서 1961년까지 기상청의 기반을 다진 선구자입니다. 이제 정기적으로 찾아뵈면서 그 분의 뜻을 기려야겠습니다.

지난 주에도 중요한 행사가 많았습니다. 국제협력 세유전국 토론회가 5일(화) 오후 직원 50여 명이 참석한 가운데 열렸는데, 이제 우리 기상청은 국제협력을 바탕으로 융합행정, 국내 기상기후산업 확대, 기상원조를 통한 국가 브랜드 제고 등의 목표를 달성할 수 있을 것입니다. 8일(금) 개도국 기상기후업무 지원사업에 대한 최종 보고회를 했는데, 이를 계기로 국제협력사업에 본격적인 시동을 걸어야 합니다. 7일(목)은 경희대 응용과

학대학 학생을 상대로 특강을 했는데, 학생들이 우주기상에 대한 관심이 아주 많았습니다. 또, 8일(금) 저녁에는 공군 기상특기 홈커밍 행사가 열리는 계룡대를 찾아 과거에 기상 분야 발전에 수고하신 분들과 즐거운 시간을 보냈습니다.

가뭄이 들다가도 한꺼번에 폭우가 쏟아지는 것이 우리나라 기상의 특성입니다. 특히 아열대화가 진행되면서 더욱 예측불허의 상황이 전개되고 있습니다. 여름철 방재에 최선을 다하면서 개인 건강 관리에도 신경 쓰시기 바랍니다.

러시아의 재발견

(2012. 6. 25)

안녕하세요, 기상 가족 여러분.

66번째 날씨편지는 멀리 스위스 제네바에서 보내드립니다.

요즘 국내는 가뭄과 폭염으로 걱정이 많으실 것 같습니다. 저는 19일(화) 밤 늦게 러시아의 오랜 수도였던 상트페테르부르그에 도착해서 바쁜 일정을 보냈습니다. 러시아 기상 당국과 저희 기상청은 앞으로 긴밀하게 할 일이 많이 있기에 이번에 MOU를 맺게 된 것입니다. 우선은 2014년 러시아 소치에서 열리는 동계올림픽 기상지원을 성공적으로 하고, 이를 바탕으로 2018년 평창동계올림픽을 멋지게 치르기로 했습니다. 또한 러시아는 극지 연구가 강하기 때문에 저희와 협력해서 북극의 극지기상과 기후연구를 통해 양국의 협력을 강화할 것입니다. 아울러 인공강우 기술이 강한 러시아와 협력해 동계올림픽 기상지원이나 요즘 심각한 가뭄 문제도 근본적으로 풀어 볼 생각입니다. 개인적으로는 처음 러시아에 와보고 그들의 실력을 알아봤습니다만, 앞으로 일본, 중국 못지 않게 긴밀한 협력을 하면 얻을 것이 무궁무진할 것입니다.

러시아 기상 당국은 수문 업무도 같이 보고 있는데 특히, 발틱해로부터 강한 바람이 불 때면 강물이 바다로 나가지 못해 홍수가 나는 상황도 연출되었다고 합니다. MOU가 끝나고 300년 전 러시아의 피터 대제가 건설했다는 상트페테르부르크 시내 곳곳을 둘러보았습니다. 유럽의 발전된 도시 못지 않은 곳으로 유네스코로부터 세계자연유산의 하나로 지정된 도시라 곳곳에 희귀한 유적들이 많았습니다. 특히 겨울 궁전이라 불리는 박물관에는 진기한 유물 300만 점이 전시되어 있었는데, 1분씩만 봐도 5년이 걸린다고 하니 정말 대단합니다. 특히 이번 러시아 방문에서 한밤에도 해가 지지 않는 백야 현상을 목격하는 행운을 누렸습니다.

앞으로 러시아는 기상기후 협력과 관련해서 우리의 중요한 상대가 될

러시아 상트페테르부르크 소재 에르미타주 박물관.

것입니다. 특히 연해주 등 극동지방의 기상과 기후에 대한 연구와 협력은 양국에게 중대한 일이 될 것이며, 특히 북극 항로가 전 세계 무역에서 중요한 역할을 하게 될 경우 이에 따른 연구와 협력은 반드시 필요합니다. 지금 생각으로는 우리가 중국의 지방 기상청과 교류하듯이 좋은 관계를 유지할 생각입니다. 특히 요즘 우리나라의 기상과 기후가 북극 진동과 연계될 수 있다는 생각을 하면 협력이 더욱 필요할 것입니다. 러시아와 대한민국이 기상기후 협력에 새로운 장을 여는 것은 아시아나 세계 모든 국가에게도 커다란 도움이 될 것입니다.

제가 이번 주부터는 WMO에서 열리는 집행이사회에 참석하게 됩니다. 이번에는 GFCS라는 전 세계 기후협력의 기본 방향을 정하는 문제부터, 우리나라 정보통신망의 등급 격상 등 주요 문제가 다루어집니다. 업무를 잘 챙겨서 좋은 성과를 안고 돌아가겠습니다. 항상 건강하시고 서울에서 뵙겠습니다.

가뭄 끝 단비와 융프라우의 만년설

(2012. 7. 2)

안녕하세요, 기상 가족 여러분.

드디어 온 국민이 고대하고 고대하던 단비가 내렸습니다. 우리가 일주일 전부터 비 예보를 하고, 이틀 전부터는 많은 양의 비가 내려 해갈에 도움을 줄 것이라고는 했지만, 내심 저도 걱정을 많이 했습니다. 오늘은 비 소식, 제네바 뉴스 등을 묶어서 날씨편지를 구성했습니다!

지난 두 달 동안 온 국민의 주요 관심사는 가뭄 해갈 전망이었습니다.

솔직이 저도 6월 중순부터 정부 차원의 대책들이 마련되고 있을 때 많이 걱정되었습니다. 러시아, 제네바 출장을 가서도 마음은 오로지 장마전선의 동향이었습니다. 다행히 제네바에 도착한 23일, 30일에 비가 예보되고 28일(목) 귀국 전날 강우량도 많다는 예보국장의 설명을 들었을 때 마음이 다소 놓였습니다.

이번 비 예보를 통해 기상청 일기예보에 대한 국민의 신뢰도가 한층 더 높아졌을 겁니다. 이번 만큼 비를 기다린 분들도 드물기 때문입니다. 29일(토), 국가기상센터에서 직원들과 도시락 점심을 먹으면서 예보 생산 뒷이야기를 재미 있게 했습니다. 우리 직원 모두 정말 수고하셨습니다. 계속해서 파이팅입니다!

23일부터 28일까지의 제네바 출장은 집행이사로 선출됐던 작년 총회 못지 않은 성과가 있었습니다. 특히, GISC의 서울 유치로 우리가 명실공히 기상 선진국 대열에 진입한 것입니다. 이제 우리는 독일, 영국, 프랑스, 중국, 일본, 호주 등과 기상통신망의 중심이 돼 세계 기상계를 이끌어 갈 것입니다. WMO 회의서 만난 각국 대표들은 지난 번 JCOMM 총회 개최를 고마워하고, 최근 우리가 스리랑카, 필리핀, 몽골, 아프리카 여러 나라에 기상원조를 해 준 것에 감사해 했습니다. 저도 작년보다 차분하게 영국 기상청과 MOU도 맺고, 일본 기상청과 점심 미팅, 유럽 위성팀과 조찬 미팅 등을 하면서 국제협력을 다졌습니다. 특히 제네바의 박효성 수석대사님이 기상청의 성과 등에 힘입어 작년에 155개 외교 공관 중 1등을 했다며 고마움을 표했습니다. 이번 러시아, 제네바 출장을 통해서 국제협력을 하면서 융합행정, 기상산업 육성 등을 함께하는 방향이 옳다는 생각을 했습니다.

융프라우 산정상 만년빙하 앞에서.

제네바에 도착한 다음 날(24일)이 마침 일요일이어서 직원들과 유럽의 지붕이라는 3,500미터급 융프라우에 올랐습니다. 한여름이지만 쌓여 있는 만년설이 대단히 이채로웠고, 특히 스위스에서는 이미 100년 전인 1912년에 융프라우까지 올라가는 기차를 개통해서 오늘날까지 세계적인 관광지로 활기를 띠는 것이 매우 인상적이었습니다. 직원들과 함께 융프라우 정상에 있는 기상기후 관측소를 돌아보고, 담당자들과 관련 정보를 교환했습니다. 우리도 직원이 남극에까지 가 있지만, 융프라우 산 정상에서 기상기후 업무를 수행한다는 것은 엄청난 고생이지만 인류를 위해 꼭 필요한 일입니다. 융프라우를 오르내리며 이렇게 열악한 자연환경에서 시계 등 정밀공업과 관광산업으로 국민소득 8만 불을 달성한 스위스의 저력을 다시 한번 느끼게 되었습니다.

지난 주 초는 제네바에서 KMA의 위상을 확인하고, 주말엔 가뭄 끝 단비를 정확히 예보하는직원들의 실력을 보면서 청장으로서 무한한 감동과 보람을 느낍니다. 이러한 실력과 위상을 유지한다면 조만간 국제협력에서 보다 많은 프로젝트가 진행돼 우리나라의 기상영토가 빠른 속도로 확장될 것입니다.

청포도가 익어간다는 7월입니다. 건강하시고 행복하세요.

서해로 오는 태풍
(2012. 7. 23)

안녕하세요, 기상 가족 여러분. 태풍이 물러가니 다시 무더위가 기승을 부리네요. 어떤 조사를 보면 장마나 태풍 때보다 폭염 희생자가 더 많은데요. 요즘 미국에서도 나타나는 폭염재해는 우리에게 시사하는 바가 큽니다.

제7호 태풍 카눈이 올해 처음으로 우리나라에 영향을 주었습니다. 공교롭게 지난해에도 태풍 2개가 모두 서해상으로 올라왔는데 이번에도 같은 코스로 서해안을 따라 북상하다가 서울 중부지방을 통과했습니다. 불행 중 다행이랄까 우리가 천리안 위성을 쏘아 올린 목적 중 하나가 서해상으로 오는 태풍 감시였는데 기상위성 효과를 충분히 보는 것 같습니다. 이번 태풍피해를 보면 언뜻 큰 피해가 없는 것 같지만, 의외로 과수 열매가 많이 떨어지는 등 농작물 피해가 크다는 보고가 있습니다. 저도 10여년 만에 모처럼 심야근무를 해봤는데… 체력 소모가 상당했습니다. 기상방송을 통해 수고한 리포터는 물론, 이번 태풍감시에 수고한 모든 직원들께 감사의 말씀을 전합니다.

16일(월), 국회 환노위 당정 간담회가 있어 국회 식당을 찾았습니다. 이번에 새로 선출된 19대 국회의원 중 여당 의원님들과 함께하는 자리였습니다. 기상청의 경우 지난해 국회에서 많이 도와 주셔서 새로운 일을 많이 한 것 같습니다. 환노위 위원 열다섯 분 중 열 분이 초선이신데, 평소 알고 지내던 분도 계셔서 반가운 마음으로 상견례를 했습니다. 한편 지난 17일(화)은 64회 제헌절이어서 국회의사당 중앙홀에서 거행된 기념식에 참석했습니다. 저는 제헌절 참석은 처음이었는데, 각계에서 많은 분들이 참석하셨고 특히, 행사에 합창을 넣는 등 상당히 품격 있고 우아하게 치러졌습니다.

20일(금), 우리나라 초기 기상계에서 매우 의미 있는 역할을 한 분이 저희 청을 방문하셨습니다. 이부곤 선생님은 1933년생으로, 공사를 졸업한 1957년에 공군 기상장교가 되어 23년 간 군 기상업무를 하시고, 1979년에는 기상전대장을 역임하신 분입니다. 청을 돌아보시면서 50여년 전의 우리나라 기상업무 환경과 분위기를 말씀하시며 격세지감이라는 말씀을 자주 하셨습니다. 지금은 우리가 세계 7위로 후진국을 가르치는 입장이라는 설명을 듣고 흐뭇해 하셨습니다. 1978년에 기상전대장과 기상장교로 뵙기 시작해 지금까지 교류하면서 제 인생의 멘토로 생각하는 분입니다. 이 분께 기상은 물론 세상 사는 이치를 너무 많이 배웠습니다.

17일(화), 이일수 차장이 취임 100일을 맞았습니다. 새로운 직책을 맡았을 때 백일이 지나면 자신감이 붙게 마련입니다. 우리 모두 이 차장의 활약을 기대해봅시다. 17일 오후 상반기 기상 만족도 결과 보고가 있었습니다. 올해는 조사항목을 다양하게 해서 좋은 정책 아이디어가 많이 나온 것 같습니다. 20일(금), 과학기술포럼(회장 김시중 전 과기부장관)에 가서 조찬 특강을 했습니다. 과거 과기부 고위직들이 참석하는 모임인데요, 강연을 듣고 기상청의 발전상에 놀라움을 표했고, 특히나 저희와는 인연이 있으신 분들이 많기에 질문도 많이 받았습니다.

인생을 살다보면 사람의 인연이 정말 소중합니다. 저도 과거 군대 시절, 방송국 시절, 그리고 기상 분야 분들과의 수많은 만남을 통해 오늘날의 제가 여기에 있게 되었다는 생각을 합니다. 만남의 한 순간 한 순간을 소중하게 여기며 진정성 있는 교분을 쌓아갈 때 큰 일을 이루어낼 수 있을 겁니다. 직원 여러분들, 무더위에 건강하시기 바랍니다.

이부곤 전 공군 기상전대장(오른쪽)과 함께.

휴가 속의 런던올림픽

(2012. 8. 6)

안녕하세요, 기상 가족 여러분.

폭염이 이글거리던 지난 한 주 그럭저럭(?) 휴가를 보냈습니다.

사회생활을 하면서 모처럼 길게 보낸 휴가를 통해서 휴가가 매우 '중요한 일' 임을 깨닫게 되었습니다.

저의 휴가는 런던 올림픽과 겹치면서 더욱 즐겁고 보람이 있었습니다. 시시각각 전해지는 태극 전사들의 승전보를 접하면서 어느새 부쩍 커진 대한민국의 위상을 느낍니다. 우리가 세계 7위권이듯 스포츠도 거의 그 수준이라고 합니다. 스포츠 중계를 하는 해설자들의 말에서 스포츠와 저희 기상 분야 발전상과 비교해 봅니다. '준비를 잘했습니다', '더욱 참고 견뎌야 합니다', '팀웍이 중요합니다', '중요한 시기에 타이밍을 놓치지 말아야 합니다'… 이런 모든 말이 기상 분야에도 해당됩니다. 이제 우리 분야도 국제협력을 통해 조직 발전, 융합행정, 기상산업 육성, 국가 브랜드 제고라는 여러 종목의 금메달을 딸 때입니다.

조만간 우리 직원들이 힘을 합해 저술한 <실용기상기후학>이라는 책이 발간될 예정입니다. 오늘날 국가기상업무가 이렇게 다양하고 업그레이드 되었는 데도 대학과정에서 거의 소개가 되지 않는 바람에 좋은 인재 확보에 걸림돌이 되었다고 생각합니다. 그래서 제가 연초에 제안을 해서 이우진 국장, 유상진 과장 등 여러 저자들이 수고해 준 덕분으로 훌륭한 책이 나오게 됐습니다. 이 책으로 9월에 연세대 학부생을 시작으로 실용적인 강의가 이어질 것입니다. 듣기로는 내년부터 서울대, 이대 대학원 등에서도 과정 개설을 검토한다네요. 우리 직원 모두 강사가 되고, 실용기상기후학이 국가기상 발전의 디딤돌이 되었으면 합니다.

30일(월), 전임 정순갑 청장님과 전병성 청장님에 대한 황조근정훈장 전수식이 5층 회의실에서 있었습니다. 정순갑 청장님은 오로지 기상 한 분야에 매진해 오늘날 전 국민이 친근하게 사용하는 '동네예보'를 정착시킨 분입니다. 전병성 청장님은 기상위성 발사, 수퍼컴센터 준공 등 굵직한 사업을 완수하시고 대외 소통에도 힘쓰셨습니다. 이제 두 분 다 대학에서 후학을 가르치시는 데요, 앞으로도 기상 발전을 위해 헌신하시겠다고 합니다. 기회가 될 때 자주 모셔서 좋은 말씀을 듣는 것이 좋겠네요. 수여식 후

사진 좌측부터 전병성 8대 청장, 필자, 정순갑 7대 청장

에 모처럼 만난 간부들과 즐거운 저녁시간을 보냈습니다.

2일(목), 국회에서 열린 기상산업정책토론회(주최 최봉흥 국회의원, 기상산업진흥원)에는 열다섯 분이 넘는 국회의원님들이 왕림해 자리를 빛내주셨습니다. 지난 18대 국회 때 많은 의원님들이 도와 주셔서 우리 기상청이 획기적인 성장을 했는데요, 이번 19대 국회도 시작이 좋습니다. 30일(월) 오후에는 청을 처음 출입하는 기자 세 분에게 국가기상업무에 대해 브리핑을 직접 했습니다. 역시 소통을 하고 나니 다음 날 기사 내용에 전문성이 더해지더라구요. 제가 소통을 강조하는 데요, 그 중에 선제적인 소통이 더욱 중요합니다. 8월 월례조회에 레인보우 합창단과 함께한 '여름'이라는 노래가 너무 정겹고 타이밍도 좋았습니다. 모두 수고하셨습니다.

폭염이 기승을 부리고 있습니다. 건강 관리에 특별히 유념하시고요, 일단 휴가를 맞으면 계획을 철저히 짜서 후회없이 보내시기 바랍니다. 오늘 날씨편지는 여기까지입니다.

역사적인 대통령님의 격려 방문

(2012. 9. 3)

안녕하세요, 기상 가족 여러분.

지난 한 주는 정말 기상청 역사에 두고두고 남을 만한 사건의 연속이었습니다. 단 나흘 동안에 2개의 태풍이 우리나라에 피해를 주었는가 하면, 역사적인 이명박 대통령님의 격려 방문이 이루어졌습니다. 또한 유력 신문의 생뚱맞은 태풍진로 관련 기사까지 우리를 바쁘게 했습니다.

28일(화), 점심 때 전화를 받고, 단 3시간 내에 상황이 종료된 대통령님의 격려 방문은 기상청의 또 하나의 역사가 되었습니다. 연일 계속되는 태풍 비상근무로 피곤한 직원들에게 큰 힘을 실어 주신 대통령님의 방문으로 우리 기상청의 위상이 한층 업그레이드 되었습니다. 이번 정부 동안 2008년 제주태풍센터 설립, 2010년 천리안 기상위성 발사, 2010년 슈퍼컴센터 준공, 2011년 WMO 집행이사 재선, 기상관측선 운항, 2012년 세계기상통신망중심국 선정, 개도국 기상원조 및 자문관 파견 등 명실공히 세계 7대 기상강국이 되었습니다. 다시 한번 이명박 대통령님의 방문에 감사드리며, 국가를 위해 최선을 다하겠습니다.

저는 지난 주 태풍진로 차이에 대한 한 신문의 보도를 보면서 많은 생각을 했습니다. 과거 동아시아 태풍예보에 대한 주도권은 일본과 미국이 가지고 있었다고 해도 과언이 아닙니다. 그러나 10년 전부터 우리의 관측망이 조밀해지면서 한반도로 접근하는 태풍예보의 정확도가 높아졌습니다. 특히 2년 전 천리안 기상위성이 올라간 후 7~8분 간격으로 태풍영상을 분

이명박 대통령님에게 국가기상업무를 설명하는 필자.

석하게 되고 때마침 서해상으로만 4~5개의 태풍이 연달아 북상하면서 이 지역 태풍예보에 많은 경험을 갖게 되었습니다. 서해, 남해, 동해 해상예보는 앞으로 전개될 동북아 경제블럭 시대 때 전 세계에서 오는 수많은 배와 비행기들이 어느 나라 예보를 활용할 것이냐? 이른바 '동아시아 해상예보 주도권 전쟁'의 시작입니다. 이번 기회에 우리 기상청의 태풍예보 실력을 전 세계에 보여줍시다.

9월 1일(토), 공군 블랙이글 에어쇼에 초청을 받아 성남비행장을 찾았습니다. 대통령님을 비롯해 6천여 국민이 참석한 가운데 화려한 에어쇼가 벌어졌는데, 그 감동이 아직까지 남아 있습니다. 우리가 만든 국산 고성능 훈련기 T50 8대가 하늘을 화려하게 수놓는 모습에 외국 대사들도 감탄사를 연발했습니다. 이 비행기는 인도네시아로 수출된다고 하네요. 우리도 하루빨리 고성능 국산 기상장비를 만들어 세계 곳곳에서 시연하며 수출하는 날을 고대합니다. 마침 블랙이글 팀과 점심을 먹게 되어서 사진도 한 커트 찍었습니다. 정말 자랑스러운 대한민국 공군이었습니다.

27일(월), 환노위 2011년 결산 전체회의 석상에서 환노위 위원들께 30분 정도 15호 태풍 볼라벤에 관한 상황보고를 드렸습니다. 같은 날 'MY JOB MY PRIDE' 발표팀들과 맛 있는 비빔밥을 먹었습니다. 29일(수) 총리님이 주재하시는 태풍피해대책 장관회의에 다녀왔습니다. 그리고 30일(목)엔 태풍진로 논란, 14호 태풍 예상진로 등에 대한 기자회견이 있었는데, 클로포드 단장과 이우진 국장이 수고하셨습니다. 31일(금) 기상기후 해설전문가 양성 수료식에서 격려 말씀을 드렸는데, 앞으로 이 분들의 활약이 기대됩니다. 그리고 날씨편지의 수많은 사진을 담당했던 이용국 주무관이 새 직장으로 가게 돼서 기념 촬영을 했는데 그 동안 너무 수고했습니다.

역사적인 지난 한 주를 보냈습니다. 올들어 우리 청과 관련된 크고작은 일들이 끊임없이 일어나는 데 저는 이것을 '성장통'이라고 생각합니다. 직원 모두가 힘을 모으고 열정적인 마음으로 맡은 바 소임을 다할 때, 우리도 모르는 사이에 부쩍 커진 기상청의 위상을 보게 될 것입니다. 닥친 위기를 기회로 만들어가는 모든 직원께 감사 말씀을 드리며 이번 한 주도 보람있게 보내세요.

이제 수확의 계절 9월이 시작됐습니다. 환절기에 건강하시기 바랍니다.

나는 진실의 힘을 믿습니다

(2012. 9. 10)

안녕하세요, 기상 가족 여러분. 지난 주부터 아침 저녁으로 선선해지면서 초가을로 접어든 느낌이 듭니다. 그러나 아직도 한낮 더위나 국지적 폭

기상청을 방문한 성일환 공군참모총장에게 선물을 증정했다.

우가 나타나지만 가을 냄새가 곳곳에서 감지되고 있습니다.

지난 7일(금)은 정말 반갑고도 귀한 분들이 우리 청을 방문했습니다. 바로 성일환 공군 참모총장님과 그 일행이지요.

국가기관 중에 기상청과 공군만큼 역사적으로나 업무적으로 가까운 조직도 없을 겁니다. 1949년 우리 기상대 조직이 생겨날 때도 공군 기상 파트에서 일하시던 분들이 오셔서 큰 기여를 하셨고, 오늘날까지도 공군과의 인연은 대단합니다. 그런데 바로 공군을 대표하는 참모총장님이 방문하셨으니 그 의미가 매우 크다고 하겠습니다.

개인적으로 성 총장님과는 1974년 무렵부터 서울대 축구선수와 공사 축구선수로 만나 1년에도 몇 차례 경기를 한 사이입니다. 1977년 제가 공군장교로 임관되어 대전에서 근무할 때, 이 분은 비행기 조종사여서 제가 기상 브리핑을 하기도 했습니다. 이러한 인연이 이어져 38년만에 양 조직 간에 MOU를 맺으니 더욱 감회가 새롭습니다.

이제 우리 기상청의 외연이 넓어지면서 국방 분야에서 기상이 차지하는 비중도 더욱 커질 것입니다. 그런 과정에 공군에 기상단이 있다는 것은 기상 분야 전체를 봐도 의미 있는 일입니다. 기상과 국방 분야가 힘을 합쳐 작전 수행 능력을 배가시키는 것은 물론이고, 이러한 결과를 기상산업에 도입해 고차원적인 기상콘텐츠를 만들 수도 있습니다. 이번 공군과 MOU를 통해서 단지 공군기상단과의 협력 수준을 넘어 국방, 안보 분야와의 기상융합으로 서로 시너지를 발휘해야 하겠습니다.

지난 3일(월) 월례조회에서는 '마이 프라이드' 경연대회 입상자에 대한 포상이 있었는데요, 중앙대회에서 좋은 성과를 거두셨으면 합니다. 4일(화)은 11월쯤에 개최되는 코리아 웨더 페스티벌에 대한 사전 보고가 있었습니다. 기본 업무에 바쁘지만 수확의 계절에 추수감사제를 지내는 심정으로 편하게 준비하시기 바랍니다. 5일(수)은 모처럼 윤순창 기상학회 회장님이 오셔서 좋은 말씀을 많이 해 주셨습니다. 그리고 7일(금) 오후에는 해병대 사령관을 지내신 김명환 장군님 출판기념회에 다녀왔습니다. 언제 봐도 에너지가 넘치는 분입니다.

1970년대에 사이먼 앤 가펑클이라는 듀엣이 불러 유명해진 노래가 생각나네요. 아마 우리말로 '험한 세상의 다리가 되어'라는 제목일 겁니다. 다리를 다르게 표현하면 소통이라는 말이 되겠지요. 이제 우리 기상청이나 기상 분야가 필요한 것은 투명하고 열린 마음으로 더불어 일하는 것입니다. 우리 서로 다리가 되고, 소통에 전력을 다하는 기상인이 됩시다.

기상 가족 여러분, 가을은 최고의 계절입니다. 좋은 추억 많이 만드시고 건강도 지키시기 바랍니다.

삼청동 총리공관 오찬

(2012. 9. 24)

안녕하세요, 기상 가족 여러분.

추석을 앞두고 초가을 날씨가 이어지고 있습니다.

올해 여러 차례 태풍 피해를 입었는데 이를 복구하고 풍요로운 추석을 맞이해야 하겠습니다.

지난 18일(화) 김황식 국무총리님 초청으로 저와 기상청 간부들이 삼청동 총리공관에 오찬을 하러 갔습니다. 태풍으로 두 차례 순연된 다음에야 마련된 자리입니다. 오찬 중에는 기상업무와 관련된 이야기나 개인적인 이야기도 많이 오갔습니다. 특히 기상에 관한 총리님의 관심이 크셔서 다른 부처와의 융합행정에 대한 이야기가 많이 오고 갔습니다. 오찬에 앞서 총리공관에 있는 잔디밭과 900년 됐다는 천연기념물 등나무에서 각각 기념사진을 찍었습니다. 총리님의 기상청 간부 오찬 초청은 우리 전 직원이 업무에 애쓴 결과입니다만, 저희가 대신 갔습니다. 날씨편지를 빌려 직원 여러분께 감사드립니다.

19일(수)에는 총리님이 주재하시는 21차 녹색위 보고대회 참석 차 정부중앙청사에 갔습니다. 보고회는 기후변화와 생물 다양성의 문제를 국정 전반과 연계해 협의하는 자리였고, 또 하나의 큰 주제는 농림식품수산 분야의 기후변화 대응책에 관한 이야기가 있었습니다. 기후변화가 심해질수록 지구생태계가 파괴되면서 예기치 못한 현상들이 나타나고 또, 농수산물 등 먹거리 생산에 영향을 주기 때문에 대책 마련이 시급합니다. 유영숙 환경부장관님께서 지난 번 제주에서 개최된 2012 세계자연보전총회에 대한 성과를 말씀하셨고, 김상협 녹색성장기획관은 러시아 출장 이야기를 하면서 우리나라의 녹색성장 정책이 세계 속에 자리 잡을 것으로 전망했습니다.

17일(월), 16호 태풍 산바가 남해안에 상륙한 뒤 동해상으로 빠져 나갔습니다. 태풍 산바도 이미 우리가 5일 전부터 남해안에 상륙할 것이라는 예보가 잘 맞은 덕분에 대비가 잘 되었습니다. 연이어 3개의 태풍이 우리나라에 상륙한 것은 50년 만에 처음이고, 한 해 5개의 태풍이 영향을 미친 것도 정말 오랜만이라 하네요. 달마다 정신이 없었지만 정확한 예보를 해준 예보국, 태풍센터, 위성센터, 레이더센터 등 관련 기관 직원 모두에게 감사드리고, 기상담당관 활동에 힘쓴 지방청도 정말 수고하셨습니다. 지금 생각해 보면 2년 전 천리안 위성이 올라간 것은 태풍 대비에 관한 한 대한민국의 천운이라고 할 수 있습니다.

20일(목), 지난 번 한 신문이 제기한 태풍 볼라벤의 진로와 관련한 공개토론회가 있었습니다. 제가 가보진 못했지만 열띤 토론이 이어지면서 좋은 소통기회가 되었던 것 같습니다. 앞으로도 과학적인 논란은 언제든지 열린 토론회가 필요할 것입니다. 17일(월), 우리청에 레이더 교육 차 온 미국 오클라호마대학의 Chilson 교수와 환담을 했습니다. 20일(목)은 한국·인도 기상협력회의에 온 대표단을 접견했습니다.19일(수) 아침에는 새문안 로타리 모임에 가서 '기상이 강해야 진정한 선진국이다' 로 강연을 했는데, 마침 참석하신 박호군 전 과기부장관께서 기상청의 큰 발전에 치하를 해주셨습니다.

풍요로운 추석이 다가오고 있습니다. 추석 준비 잘 하셔서 가족들과 함께 보람 있는 시간 보내시길 바랍니다. 항상 건강하세요.

기상업무의 세계화

(2012. 10. 29)

안녕하세요, 기상 가족 여러분.

단풍이 물들어가는 것을 느낄 겨를도 없이 시월이 지나가네요. 국정감사가 있는 공무원의 가을은 일반 국민들과는 전혀 다른 것 같습니다.

지난 21일 인천송도에 녹색기후기금(GCF)이라는 국제기구가 들어선다는 빅 뉴스가 떴습니다. GCF는 WB(월드뱅크), IMF(국제통화기금)와 같은 국제금융기관으로 후진 개도국이 녹색산업이나 녹색기술을 원할 때 선진국이 모은 자금을 활용해 지원해 주는 것입니다. 녹색기후기금 유치로 당장 3,800억 이상의 경제효과가 있는 것은 물론 국방, 안보 면에서도 매우 중요하다고 합니다. 특히 저희 기상청은 녹색기후기금을 활용해서 후진 개도국을 지원할 기회를 얻기 때문에 이번에 워싱톤에 가서 WB와 업무협약을 맺는 것 이상으로 의미가 있습니다. 이제 녹색기후기금의 인천송도 시대를 준비할 때입니다.

지난 22일(월)엔 인천 송도에 가서 2014 인천아시안게임 조직위원회(위원장 김영수)와 MOU를 체결했습니다. 제17회 인천아시안게임은 2014년 9월 19일부터 16일 간 인천 송도를 중심으로 열리는데요, 45개 국 2만여 명의 선수와 임원이 참석합니다. 기상청은 36개 종목이 열리는 곳곳의 기상정보를 제공해 원활한 대회 운영을 지원합니다. 아시안게임이 열리는

국회에서 열린 기상청 종합국정감사 모습.

동안 아시아 각국의 기상 전문가들도 초청해서 함께 기상지원을 하는 계획도 세우고 있습니다. 우리는 아시안 게임에 이어 2018년 평창동계올림픽 기상지원도 해야 하니 차분하게 준비를 해야겠습니다.

24일(수), 환경부와 기상청에 대한 종합국감이 국회에서 끝이 났습니다.지난 9일과 24일의 국감을 통해 받은 지적사항들은 잘 보완해서 앞으로 정책을 수립하고 시행하는데 참고를 해야겠습니다. 국감 시 지적사항이 나오지 않더라도 항상 대비하는 자세로 일을 하는 것이 필요합니다. 올해는 대선이 있는 해여서 국감 분위기가 사뭇 다른 점이 있었습니다. 기상업무의 경우 자연재해 등에 대한 위기대응 능력과 세계 수준의 기상실력을 가지고 국제협력과 기상시장을 넓혀 나가는 디딤돌로 삼는 전략이 중요합니다. 국감 받느라 모든 직원들 정말 수고하셨습니다.

지난 주 소식으로는 파차우리 IPCC 의장이 기상청을 방문했는데요, 이분은 서울서 열리는 제18차 유엔기후변화협약(UNFCCC) 회의 참석 차 방한했습니다. 25일(목), 정부 청사에서 열린 2012 을지연습종합강평회의에 참석했습니다. 올해 을지연습은 실시간 기상조건이 처음으로 적용된 훈련이었습니다. 26일(금), 2회 날씨경영 인증식이 있었는데요, 기상산업을 적극 지원하시는 최봉홍 의원님이 오셔서 격려해 주셨습니다. 이날은 또 10월 월간회의를 본청에서 개최했습니다. 전국에서 모인 소속 기관장들과 만찬을 하며 즐거운 시간을 가졌습니다.

제가 이번 주는 제네바, 비엔나, 워싱톤을 돌면서 중요한 회의와 협약을 맺습니다. 특히 World Bank(세계은행)와의 업무협약은 우리 기상청의 기술 등 노하우가 세계 속에 진출하는 계기가 될 것입니다. 직원 여러분, 기대해 주시고요, 항상 건강하세요.

대한민국 기상영토를 넓혀라

(2012. 11. 05)

안녕하세요, 기상 가족 여러분.

지난 한 주는 내내 KMA의 해외 영토에 있었습니다.

이번 출장은 거리로는 3만km, 비행시간으로 40시간의 긴 여정이었지만 그 어느 때보다 보람 있었습니다.

(10. 29-10. 30) 제네바에서 열린 WMO의 GFCS(전지구기후서비스체제) 회의는 점차 구체적인 모습으로 나타나고 있습니다. 지난 60여년 최고의 기상서비스를 하기 위해 조직을 다져온 WMO가 세계 각국의 역량을 모아 전 지구 기후서비스 체제를 갖추려는 것입니다. 이제 기후문제는 기상과 더불어 쌍두마차가 되어서 모니터링, 예측모델, 응용 프로그램에 이르

기까지 세계 표준화가 필요합니다. 이번 회의에는 FAO(세계식량기구), WHO(세계보건기구), 수자원 관련 등 국제기구 대표가 많이 참석해 높은 관심을 보였습니다. 회의 첫 날 제네바대표부 최석영 대사님이 오찬을 마련해 주셔서 국제기상협력의 중요성에 관한 이야기를 했고, 둘쨋날 베트남 환경부차관 일행과 점심을 하면서 기상협력 문제를 논의했습니다.

(10. 31-11. 1) 오스트리아 비엔나는 뉴욕, 제네바와 더불어 국제기구가 많은 도시입니다. 10월 31일 CTBTO 사무실에서 역사적인 MOU를 맺었습니다. 과거 핵실험 감시를 위주로 하던 CTBTO(포괄적핵실험금지조약기구)가 업무 영역을 넓혀 국제 네트웍을 통해 쓰나미 조기경보 협력을 하는 것이 주요 내용입니다. 앞으로 KMA도 국제조직과 연계해 지진업무를 더욱 확장하는 것이 필요합니다. 비엔나는 다뉴브 강이 흐르는 역사적인 도시로 합스부르크 왕조의 궁전이 있는 곳이며 모짜르트, 요한 스트라우스 등의 음악가가 활약하던 곳입니다. 천년 가까이 된 스테파노 성당도 장관이었습니다. 저녁에는 주 오스트리아 장시정 차석 대사님이 초청하셔서 환담을 나누었습니다.

스위스 제네바 WMO(세계기상기구) 건물 앞에서.

(11. 1-11. 2) 이번 출장의 세 번째 아이템은 미국 워싱톤에 있는 WB(월드뱅크)와의 업무협약입니다. 세계 7위권인 우리 KMA의 기상실력이 월

미국 워싱톤 NASA(미 항공우주국) 정문 앞에서.

드뱅크 프로그램을 통해 전 세계에 퍼질 때 우리는 국제협력, 융합행정, 기상산업이라는 수많은 가치를 동시에 이루어낼 수 있습니다. 앞으로 KOICA, ODA 사업으로 본보기를 만들고 WB와 더불어 이를 확산시키는 방식이 바람직합니다. 마침 미국은 허리케인 샌디로 인한 피해 때문에 경황이 없었는 데도, 현지 한국 언론들이 WB 협약식을 높이 평가해 주었습니다. 협약식 후 최영진 주미 대사님이 초청하신 오찬에 참석해 기상외교 등에 관한 이야기를 나누었습니다.

11월 2일, 워싱톤 근교에 있는 NASA를 방문했습니다. 150만 평의 드넓은 대지에서 엄청난 프로젝트들이 진행되고 있었습니다.

우리 일행은 위성에 기상레이더를 탑재해 공동 활용하는 GPM 프로그램과 제임스 웹이라는 천체 망원경 발사 계획에 대해서 브리핑을 받았습니다. 그리고 이혜숙 박사가 파견 나가 있는 NASA의 우주기상실을 찾아 그 중요성에 대한 설명도 들었습니다.

다음 날 미국 대통령이 머무는 백악관을 멀리서 보고, 또 미국 대통령 취임식이 벌어질 국회의사당 앞도 둘러보았습니다.

이번 출장은 1주일의 빠듯한 일정이었지만, 먼 훗날 대한민국의 기상영토를 크게 확장했던 '역사적인 여정'으로 기록되었으면 합니다. 출장에 수고해 준 박정규 국장, 이덕기 과장, 김세원 과장 등 직원들에게 감사의 말씀을 전합니다. 이번 국제협력을 통해서 대한민국의 기상영토가 얼마든지 늘어날 가능성이 있다는 자신감을 얻었습니다.

직원 여러분, 우리 다함께 대한민국의 기상영토를 넓혀갑시다.

함박눈의 두 얼굴

(2012. 12. 10)

안녕하세요, 기상 가족 여러분.

지난 주는 폭설과 한파가 연이어 나타나 많은 사고로 얼룩진 기간이었습니다. 다행히 우리 기상청의 정확한 예보로 국민들이 폭설과 한파를 대비하는 데 큰 도움이 되었다고 생각합니다.

지난 5일(수) 오전 동안 저나 우리 직원들의 마음은 조마조마 했을 겁니다. 전날 서울 중부에 10cm 안팎의 큰눈이 오겠다고 예보를 했는데 오전 11시까지도 햇빛이 났기 때문이었죠. 11시 넘어 서울에 함박눈이 내리기 시작해 안도했지만… 곧바로 많은 국민들이 겪게 될 불편 때문에 다시 한 번 기상담당관 활동을 점검했습니다. 12월 초순으로는 30여년 만에 가장 많이 내렸다는 눈을 열심히 치우고 있는 직원들을 격려하고, 정확한 예보를 해 준 예보국을 방문해 후일담을 들어봤습니다. 이제 도시지역에서는 단 몇cm의 눈이 곧 자연재해가 되고 있습니다.

4일(화), 우리청 식당에서 사랑의 김장 나누기 행사를 했습니다. 올해는 우리청 직원과 가족들, 여성 기상캐스터 15명이 동참해 성황을 이루었습니다. 김치는 오랜 세월 우리 민족의 입맛을 돋구어 준 먹거리이자 활력소라 하겠습니다. 김치를 먹으면 지쳤던 몸과 마음에 힘이 솟으니 정말 신비한 음식입니다. 이날 400포기를 담가 독거노인 등 관내 어려운 이웃에 전달하고 위로하는 시간을 가졌습니다. 특히 이번 행사에 참여하신 직원 가족들과 기상캐스터 여러분께 다시 한번 감사 인사를 전합니다.

7일(금) 저녁 총리님이 주재하는 만찬에는 열다섯 분의 청장이 참석했습니다. 마침 함박눈이 내리던 때라 일반 관례를 깨고 눈이 하얗게 덮인 정원에서 단체 사진을 찍었습니다. 이제 12월 말이면 대부분의 정부 부처들이 세종시에 내려가기에 여러 가지 감회 깊은 말들이 오고 갔습니다. 많은 청에서의 공통 관심사 중에는 단연 '국제협력'의 성과들이 눈에 띄었습니다. 심지어 어느 개도국은 차관급에 한국 사람을 기용할 테니 추천해 달라

는 이야기도 있었답니다. 제가 세계 7위 기상기술력으로 월드뱅크, 코이카 등과 협력, 후진 개도국을 도우며 융합행정, 기상산업을 한다고 말씀드리니 모두 놀라워하는 모습이었습니다. 여기에 오기까지 수고해 주신 모든 직원들께 정말 감사드립니다.

6일(목), 구미기상대(대장 박광오)를 방문해 리모델링된 시설을 돌아보고 직원들과 대화를 나눴습니다. 이어 구미상공회의소에서 지역 CEO분들께 국가기상업무를 소개하는 시간을 가졌습니다. 3일(월)에 열린 12월 명사 특강은 비타민 박사로 유명한 서울대 이왕재 교수가 오셔서 매우 유익한 강연을 해 주셨습니다. 그리고 7일(금)엔 이번 달로 전역하는 김종석 공군 기상단장이 인사 차 우리 청을 방문하였기에 그 동안의 노고에 감사를 드렸습니다.

초겨울부터 폭설과 한파가 만만치 않습니다. 폭설과 한파는 교통사고와 정전사고, 동파사고를 일으키는 주요 자연재해입니다.

방재 점검을 철저히 하고, 우리 주변도 잘 살펴야 하겠습니다.

다락방에서 만나요

(2012. 12. 17)

안녕하세요, 기상 가족 여러분.

폭설과 추위가 반복되다가 모처럼 포근한 주말을 보냈습니다. 대선을 불과 며칠 앞두고 그 열기가 매우 뜨거운 것 같습니다.

12일(화) 오전 10시 북한이 미사일 로켓을 발사해 전 세계의 우려를 자아내고 있습니다. 북한 경제가 어려워 주민들이 기아에 허덕인다는 데도,

한 번에 수억 달러가 소요된다는 로켓 발사를 감행한 북한 지도층의 판단에 어이가 없을 뿐입니다. 우리 정부는 UN과 주변국들의 협조 속에 미사일 개발 중지와 각종 제재 조치에 대한 논의를 하고 있습니다. 우리 기상청도 미사일 발사 확인 10분 만에 상황대책반을 구성하고 관련 기관과의 협조체제를 갖췄습니다. 대선을 앞두고 있는 연말, 긴장의 끈을 놓지 말아야 하겠습니다.

기상청 사내 방송인 '다락방'이 지난 11일(화)부터 시험방송에 들어갔습니다. 제가 준비과정과 방송을 지켜보았습니다만, 상당히 수준 높게 출발했습니다. 정말 20년 전 만해도 방송은 특정인의 전유물처럼 여겨졌으나 이제는 모든 개인과 조직의 가장 중요한 소통 수단의 하나입니다. 다락방을 통해 직원들이 원활하게 소통하고 열린 마음을 가지게 된다면, 기상업무 가치를 융합행정, 국제협력, 기상산업으로 확산시키는 데 일조할 것입니다. 언제든 방송 요청이 오면 서슴없이 응하셔서 여러분만의 다락방을 만들어보시기 바랍니다.

14일(금) 아침 비가 오는 궂은 날씨였지만 김포, 김해를 거쳐 통영기상대(대장 하태근)로 향했습니다. 통영은 이순신 장군의 유적지가 많은 곳으로 동양의 나폴리로 불리고 있습니다. 비에다 안개까지 끼어 절경 감상은다음으로 미뤘고… 리모델링으로 산뜻해진 기상대를 돌아보고 직원들과 남해바다를 바라보면서 굴 음식을 즐겼습니다. 귀경길에 사천공항 기상실(실장 김명준)에 들러 열악한 환경에서 일하고 있는 직원들을 격려하고 서울로 돌아왔습니다. 이제 전국 관서를 거의 돌았는데 중요한 백령도, 울릉도, 완도 기상대 등이 남았네요.

지난 주부터 카타르 도하에서 WMO 2지역(RA2) 총회가 열려, 이일수 차장, 박정규 국장 등 우리 대표단이 참석하고 있습니다. 이 자리에서 WMO 미쉘자로 사무총장이 우리 박정규 국장의 WMO 영입을 공식 발표했다고 합니다. 정말 기쁘고도 자랑스러운 일입니다. 이제 기상청과 기상 분야의 위상이 세계 속에 확고히 자리 잡을 것이며, 그 역할을 박 국장이 잘해낼 것이라 믿습니다. WMO 고위직 진출은 우리 모두에게 용기와 희망을 주는 쾌거라 하겠습니다.

다사다난했던 2012년도 이제 2주가 남았습니다. 한 해 마무리 잘 하시고 희망 찬 2013년을 맞으시기 바랍니다.

항상 건강하세요, 직원 여러분.

슈퍼스타 KMA

(2012. 12. 24)

안녕하세요, 기상 가족 여러분.

지난 주말 청와대 장차관, 청장 만찬에 참석했었는데요, 대통령님께서 저를 보시더니 "요즘 일기예보 정말 잘 맞더라"고 칭찬을 해 주셨습니다. 대통령님 격려를 크리스마스 선물로 여러분께 전달합니다. 올 겨울 추위가 반복되고 눈비가 자주 오지만 쪽집게 예보를 만들어내는 모든 직원들의 협동정신에 다시 한번 감사드립니다.

12월 21일(금), 드디어 2012년도 슈퍼스타 KMA 경연대회가 열렸습니다. 단 4시간 진행된 행사지만 지난해보다 훨씬 수준 높은 공연들이 펼쳐졌고, 행사 진행 또한 방송국 수준에 근접하는 놀라운 향상을 보여 주었습

2012 슈퍼스타 KMA 성적을 발표하는 필자.

니다. 관객들의 열띤 호응이 더해지면서 공연장의 분위기가 절정에 닿았습니다. 막간에 비보이와 마술 공연이 열기를 더해 주었고, 마무리는 우리 청 레인보우 합창단이 대미를 장식했습니다. 참여한 모든 공연팀에게 수고했다는 말씀을 드리면서 우리 모두가 슈퍼스타였던 시간이었습니다.

내년에 더 좋은 모습으로 다시 뵙겠습니다.

18일(화), 금년도 핵심 성과를 발표하는 회의가 있었습니다. 올해의 핵심 성과는 뭐니뭐니해도 5개의 태풍 진로와 해갈 전망, 겨울 들어서는 폭설과 추위를 정확히 예보한 것이라 생각합니다. 여기에 지역기상담당관제가 전국으로 확대되면서 지자체와 지역언론과의 소통이 더욱 원활해졌습니다. 여기에 기후 분야, 지진 분야도 선진형으로 자리를 잡아가면서, 국제협력의 성과가 두드러지고 융합행정, 기상산업의 범위도 넓어졌습니다. 또한 실용기상기후학을 대학에서 개설한 것도 의미가 크고요, 많은 직원들이 외부로부터 크고 작은 상을 수상했습니다. 내년에도 파이팅입니다.

19일(수), 18대 대통령 선거가 치러져 박근혜 후보가 당선됐습니다. 새 정부가 출범해도 기상청이 큰 역할을 하게 될 겁니다. 20일(목), 국방정보본부 이왕근 소장 일행 등과 환담을 하고 점심을 먹었습니다. 같은 날 베트남 기상청 대표단이 방문해 잠시 환담을 나누었습니다. 저녁에는 기상학회 송년회와 출입기자단 송년회가 있었는데 양쪽을 왔다갔다 하면서 지난 1년 간의 회포를 풀었습니다. 21일(금), KBS 나눔문화 방송에 출연해 직원들이 모은 성금 천만원을 기탁하고 국민께 격려 말씀을 드렸습니다.

이제 올해도 일주일 남았습니다. 마무리 잘 하시고 새해 설계 잘 하시기 바랍니다.

메리 크리스마스 & 해피 뉴이어~~ 항상 건강하세요.

근하신년 2013년

(2012. 12. 31)

안녕하세요, 기상 가족 여러분.

지난 주에도 추위와 폭설이 번갈아 이어지면서 많은 사고로 얼룩져 국민생활 불편이 많았습니다. 이제 31일(월)로 한 해를 마무리하고 제야의 종소리를 들으면서 희망 찬 계사년을 맞게 됩니다.

지난 26일(수) 오후 늦게 박원순 서울시장님이 우리 청을 방문하셨습니다. 역대 서울시장으로는 처음이라고 하는데요, 상당히 의미 있었던 방문이었습니다. 천만 이상이 사는 서울에 기상재해가 나타날 경우 그 피해는 상상을 초월합니다. 지난해 우면산 산사태에서 보듯이, 국지적 집중호우가 산사태, 교통대란, 통신망 장애, 정전사태 등 2차 피해로 연결됩니다.

서울시장으로는 처음으로 기상청을 방문한 박원순 시장과 함께.

재해를 막기 위해 기상청과 서울시가 기상자문관 파견 등 긴밀한 협력을 하는 것은 정말 중요한 일입니다. 시장님의 짧은 방문이었지만 융합행정 등에서 새로운 전기가 마련될 것입니다.

27일(목), 현장연구 과제 활성화에 대한 브레인 스토밍을 했습니다. 2년 동안 우리 청의 좋은 역할 중 하나가 지역기상담당관제 정착과, 기후변화와 지역경제 프로그램을 통해 지자체 공무원과 언론, 지역민들과 소통을 강화한 것입니다. 소통 과정에서 우리 직원들이 착안한 것을 바로 현장연구 과제로 만드는 것이 필요합니다. 현장연구를 통해 연구 분위기를 조성하고 이를 국내는 물론 개도국에 전파할 수도 있습니다. 개도국에서 우리나라 '새마을 운동'을 본받듯이 지역기상담당관 역할과 현장연구 과제로 한국형 기상전문 공무원의 틀을 만들어봅시다, 여러분.

28일(금), 본청에서 김인태 과장, 허형재 과장의 정년퇴임식이 있었습니다. 그리고 지역에서 퇴직한 정해순 서기관과 이강호 주무관, 김정수 주무관, 권동기 주무관에게는 전화로 격려 말씀을 드렸습니다. 이런 선배들이 있기에 오늘날 기상청이 우뚝 선 것입니다. 28일, 조하만 기상기후아카데미 원장이 신임 인사를 하러 청에 들렀습니다. 27일엔 남극서 1년 간 근무하고 돌아온 이일용 주무관과 남극 이야기를 나누었고, 청원경찰로 20년을 근무한 최경태 경장이 정년을 맞아 인사 차 들렀습니다. 모두 수고하셨습니다.

이제 계사년 새해가 밝아옵니다. 해가 가는 것이 두려운 것보다는 해야 할 일을 다하지 못했나 하는 아쉬움이 남습니다. 저는 최근 6년 전부터는 부정보다는 긍정적인 생각으로, 말보다는 실천을 통해 인생의 중요한 전기를 마련했다고 생각합니다. 새해도 이러한 마음자세를 유지하면서 저 자신부터 새롭게 변하고 주위에 좋은 기운을 전파하는 사람이 되겠습니다. 날씨편지 가족 여러분, 새해에도 항상 건강하시고 가정에 평안이 깃드시길 기원합니다.

위대한 국민, 더 큰 대한민국

(2013. 1. 7)

안녕하세요, 기상 가족 여러분.

시무식과 각종 신년 인사회로 바쁘게 보냈던 한 주였습니다. 여러분들도 연초를 맞아 큰 그림을 그리고, 큰 꿈을 꾸시기 바랍니다.

새해를 맞아 의미 있는 슬로건과 좋은 덕담들이 서로를 따뜻하게 하고 의지를 다지게 합니다. 그 중 저는 대통령님 신년사에 나오는 수도선부(水到船浮)에 필이 꽂혔습니다. 물을 가득 채우면 큰 배를 띄울 수 있다는 말

기상청 대강당에서 열린 2013년 기상인 신년인사회.

입니다. 우리나라 전체는 물론 우리 기상청에도 딱 들어맞는 말이기 때문입니다. 정확한 예보로 국내에서 쌓은 신뢰도를 바탕으로 국제협력을 하면서 융합행정을 하고 기상시장을 일으키는 것입니다. 이제 우리에게 필요한 것은 개인과 조직의 능력을 글로벌 수준으로 점차 높이는 한편, 조직문화를 더욱 즐겁고 편안하게 만드는 일입니다.

2일(수) 오전 9시 총리님이 주재하시는 2013년 정부 시무식 참석 차 정부 중앙청사 별관에 갔습니다. 총리님이 이번 정부에서 공직자들의 노고를 치하하시면서 세종청사 시대를 준비하자고 말씀하셨습니다. 시무식 백드롭의 '위대한 국민, 더 큰 대한민국' 이라는 슬로건이 눈에 띄었습니다. 11시에는 청으로 돌아와 올해 시무식을 하면서 모범 공무원 등 27명에게 시상하고, 점심을 같이 했습니다. 오후엔 간부들과 서울 현충원을 찾아 호국영령께 참배하면서 새해 각오를 다지기도 했습니다.

4일(금), 2013년 기상인 신년인사회가 기상청 강당에서 있었습니다. 각

지방청도 영상화면을 통해 신년인사회에 참여해 주어서 반가운 분들과 인사와 덕담을 교환했습니다. 역대 청장님들을 비롯해서 거의 90세에 가까운 선배님들까지 오셔서 새해 출발을 축하하고 서로를 격려했습니다. 제가 최근 알게 된 건배사 중에 '자자손손' 이라는 말이 있는데, 이것은 자신감과 자긍심을 가지고 손에 손을 잡고 앞으로 나가자~ 라는 뜻인데요, 우리 기상 분야에 딱!! 이라는 생각이 듭니다. 여러분은 어떻습니까? 자~ 올해 한번 다같이 새로운 역사를 열어 가십시다.

지난 주 여러 차례 신년회에 참석하면서 그 동안 우리 대한민국이 이루었던 성과를 다시 생각하고 새 출발을 다짐했습니다.

우리 모두 대한민국 국민의 일원으로서 따뜻한 마음으로 아래 위를 보듬고 사회의 모든 갈등이 해소되도록 노력하면서 다시 한번 도약하는 한 해가 되었으면 합니다. 항상 건강하세요.

기상기후산업 3,200억 원 시대

(2013. 1. 21)

안녕하십니까, 기상 가족 여러분. 포근한 주말을 보내고나니 얼음장 아래로도 봄이 오고 있구나 하는 생각이 들었습니다. 추운 겨울을 보내면 건강, 안전사고 등 후유증이 더 많다네요, 한층 조심하세요.

드디어 국내 기상기후산업 시장 규모가 3,000억을 넘어 3,216억 원을 기록했습니다.15일(화), 본청에서 시장 규모 조사 결과에 대한 보고회가 열렸는데요, 작년보다 시장 규모가 44% 가량 성장한 결과입니다. 분야 별로 기상서비스가 315억, 기상장비 871억, 기상용역 분야 476억에다가 기상정보 유통 268억, 금융보험 306억, 기상관련 R&D 581억, 타 산업 융합 396억 등입니다. 앞으로 기상기후산업은 더욱 다양한 형태로 발전하면서 규모도 점차 커질 겁니다. 특히 우리 분야는 융합행정과 국제협력이 늘어나는 추세라 여기서 파생되는 기상기후산업의 가치가 매우 높을 것입니다. 기상기후산업시장 1조 원대를 향해 모두 파이팅입니다.

16일(수), 한국형 수치예보 모델 사업단을 찾아 강연하고 직원들과 삼계탕을 맛있게 먹었습니다. 2011년 사업단이 출발해 이제 50 명의 큰 조직이 되었고, 박사만도 30명인 고급 두뇌집단입니다. 앞으로 2019년까지 946억의 예산을 투입, 명품 수치예보 모델을 개발해 우리의 기상 역량을 세계에 과시할 날이 올 것입니다. 한국형 수치예보 모델은 정확한 기상예보를 생산하는 핵심이 되는 것은 물론이고, 수치모델에 사회, 경제적인 데이터가 융합되면서 많은 분야의 정책 수립이나 업무 수행에 큰 도움이 될 것입니다.

17일(목), 광화문에 자리한 '대한민국역사박물관'을 방문했습니다. 이 박물관은 예전 경제기획원이 사용하던 건물로, 리모델링해서 마련한 900여 평의 전시공간에 구한말부터 현대에 이르기까지 역사적 유물이 전시되어 있습니다. 지난 100여년 간 세계

웨비게이션 개발

웨비게이션 = 날씨(Weather) + 내비게이션(Navigation)

열강의 틈바구니에서 식민지배를 당하고 6·25전쟁을 거쳐 새마을 운동, 경제발전, 민주화 운동, 그리고 세계 10대 경제대국에 이르기까지의 과정이 자세히 기록되어 있습니다. 저도 대한민국 역사의 반 이상은 직접 목격한 사람으로서 감회가 너무 깊었습니다. 이 박물관에 기상 코너도 하나 마련할 생각으로 접촉하고 있습니다. 과거를 거울 삼아 앞으로 나아가는 것은 역사 발전에 가장 중요한 자세라 하겠습니다.

14일(월), 청 강당에서 직원과 가족들 그리고 동네주민들을 모시고 <더 임파서블>이라는 재난영화 시사회를 가졌습니다. 이 영화는 2004년 인도네시아 쓰나미 때 벌어진 실화를 바탕으로 가족 간의 사랑과 우애를 그린 작품입니다. 같은 날 환경TV 김용식 회장님 일행이 기상청을 방문했습니다. 또 16일(수) 순천향대학 CEO과정의 원우 30여 분이 오셨기에 기상업무를 소개하는 시간을 가졌습니다. 17일(목) 국립기상연구소가 서귀포로 이전함에 따라 기상연구관의 역량 강화를 위한 브레인 스토밍을 했습니다.

요즘 제가 자주 사용하는 건배사입니다. '자자손손' 기상인이라는 자신감과 자긍심을 가지고 손에 손 잡고 세계로 나아가자 라는 내용입니다. 새해도 하루 하루 즐거운 마음으로 보내시기 바랍니다. 항상 건강하세요.

까치 까치 설날은

(2013. 2. 11)

안녕하세요, 기상 가족 여러분.

설 연휴는 잘 보내고 계십니까? 저도 당일치기로 고향에 내려가서 차례도 지내고 친척들과 즐거운 시간을 보냈습니다.

신림동 재래시장에서.

설 분위기를 느낄 수 있는 곳의 하나가 전통 재래시장입니다. 저도 아주 어렸을 적에 어머니를 따라 시장에 가면 국밥 한 그릇 얻어먹는 재미가 그만이었습니다. 지난 5일(화) 관악신사시장 순대국집에 가서 본청에 있는 3자녀 직원들과 식사를 했습니다. 설을 앞두고 시장 구경과 더불어 어린 시절을 추억할 수 있어서 좋았습니다. 요즘 3자녀를 키운다는 것은 매우 힘든 일이죠. 정말로 애국하시는 분들과 재미 있는 이야기를 많이 하면서 별미를 먹었습니다. 시장에 가기 전에 해마다 들르는 청운노인복지센터를 방문해 격려금을 전달했습니다. 그리고 우리 청을 위해 밤낮으로 수고하는 용역직원들께도 작은 선물을 드렸습니다.

취임 2주년을 맞아 우리 직원들 모두가 많은 축하를 해 주었습니다. 꽃다발도 받고, 떡도 자르고~~ 개인적으로 지난 2년은 정말로 보람 있었던 나날이었습니다. 또 기상 분야 입문 40년을 맞은 올해, 그 동안의 온갖 일들이 눈앞을 빠르게 스쳐갑니다. 학창 시절, 군대 시절, 방송국 시절, 민간

회사…, 그리고 대학교 CEO과정. 그리고 지난 2년… 여러분과 함께 정말 많은 일을 했고 전국을 돌며 많은 사람을 만났던 장면 하나하나가 생생합니다. 외부로부터의 만만치 않은 도전도 여러 번 있었지만 이를 극복하면서 조직 역량도 부쩍 커졌습니다. 이제부터 자자손손(자신감과 자긍심을 가지고 손에 손 잡고 나가자)해 더 큰 꿈을 이루어봅시다. 감사합니다.

입춘인 지난 4일(월) 서울에 15cm 안팎의 큰눈이 내렸습니다. 아마 올겨울 서울에 내린 눈을 합하면 40cm도 넘을 것입니다. 폭설과 한파로 이어진 올 겨울이었지만 한 치도 빈틈없이 예보가 되었기에 요즘 어느 자리를 가도 칭찬받기에 바빴습니다. 마침 4일(월) 오전 VIP께서 주재하시는 제22차 녹색성장위원회 마지막 보고대회가 청와대에서 있었는데, 여기서도 예보에 대한 칭찬이 자자했습니다. 이제 우리 청 기상기술이 포함된 녹색기술과 정책 한류를 가지고 개도국을 도우면서 국격을 더욱 높이고 국가 브랜드를 굳건히 할 때입니다. 더불어 박정규 국장의 WMO 고위직 진출은 우리 기상 분야 세계화의 분수령이 될 것입니다.

5일(화), 월드뱅크 프라샨트 팀리더가 기상청을 방문해 지난해 MOU를 디딤돌로 향후 협력방안을 논의했습니다. 월드뱅크를 통해 우리의 기술과 정책이 후진 개도국의 발전과 번영에 큰 도움이 되었으면 합니다. 6일(수), 프레스센터에서 열린 글로벌 2030 출판기념회에 다녀왔는데요, 이곳에서 기상기후예측 기술이 미래 인류를 지켜 줄 주요 기술이라는 내용이 있었습니다. 9일(토), 국가기상센터를 방문해 설 연휴 중에도 열심히 근무하는 직원들을 격려하고 점심을 함께 했습니다. 기상청은 1년 365일 내내 불을 밝히며 일하는 부서인데, 가끔 근거 없이 비난을 받을 때 가장 스트레스가 많았던 것 같습니다.

직원 여러분, 설 연휴 동안 가족들과 즐거운 시간 보내시기 바랍니다.

긍정의 힘과 소화제

(2013. 2. 18)

안녕하세요, 기상 가족 여러분.

2011년 3월 28일 처음 시작된 '조 청장의 날씨편지'가 이제 100번째가 되었습니다. 이처럼 날씨편지가 계속될 수 있도록 많은 성원을 보내 주신 모든 직원 여러분께 진심으로 감사드립니다.

돌이켜보면 지난 2년 동안 여러분과 함께 하나하나 구슬을 꿰고 가시덤불을 헤쳐가면서 정말로 많은 성과를 올리는 대단한 경험을 했습니다. 취임하자마자 터진 3·11 일본 대지진, 우면산 산사태, 정전대란, 레이더장비 구입 시비, 기상관측선 수사, 태풍 볼라벤 자료 조작, 최근 북한의 핵실험에 이르기까지 외부로부터 다양한 사건과 음해가 있었지만 직원 모두 최선을 다해 역할을 했기에 오늘을 맞게 된 것 같습니다. 다시 한번 직원 여러분께 감사드립니다.

외부로부터의 도전에 직면한 우리 청은 차분하게 대응하면서 열정을 가지고 업무처리를 했습니다. 지난 2년 동안 서해상에 올라온 7개의 태풍을 정확히 예보하고, 또 지역기상담당관제를 통해 피해를 최소화했습니다. 지역 특화 기상기후 서비스를 발굴해 지자체와 꾸준히 소통한 결과, 이제 지역의 불만은 거의 제로에 가깝습니다. 아울러 전력거래소와 경기도에 퇴직한 우리 기상인이 자문관으로 근무하며 맹활약하고 있습니다.

또 정부 모든 부처와 융합행정을 추진해 '기상레이더 공동관측망 구축'이라는 최우수 융합행정상도 탔습니다. '실용기상기후학'이란 책을 만들어 2012년 연세대 학부생에게 강의해 좋은 성과를 거두고 올해는 서너개 대학원에서 이 과정이 이어질 전망입니다.

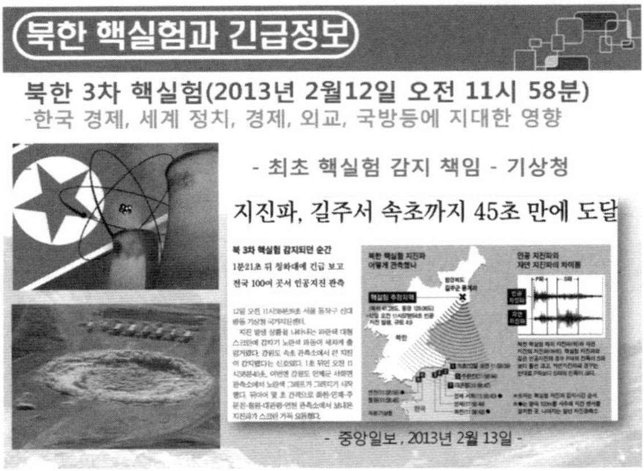

또한 2년 간 이명박 대통령님, 김황식 총리님, 박원순 서울시장님, 성일환 공군참모총장님 등 많은 분들이 기상청을 찾아 격려를 해 주셨습니다. 수퍼스타 KMA, 2012년 세유전국 토론회, 2013년 수도선부 토론회, 다락방 방송 운영 등에서 날로 발전하는 직원들의 능력에 감동을 느끼는 경우도 많았습니다. 지난 2년은 '혼자 꾸면 꿈이지만, 같이 꾸면 현실이 된다'라는 격언이 실감났던 시기였습니다.

국제협력에 있어서도 많은 성과가 있었습니다. 2011년 WMO 집행이사에 재선되고, 2012년 기상통신망, GISC의 새로운 거점이 되고, 필리핀에 홍수조기경보, 스리랑카에 기상위성 수신장치 제공, 몽골, 베트남, 우즈베키스탄 등에 기상자문관 파견 등 기상을 통한 국제협력이 강화되었습니다. JCOMM, 기상위성 사용자 국제세미나, 수치모델 국제세미나 등도 성공적으로 치렀고, 러시아와 동계올림픽 기상지원 협조문제, 워싱톤으로 가서 미국 기상청과 MOU 강화, 그리고 월드뱅크와 후진 개도국에 대한 기상지원에 힘을 합치자는 MOU는 향후 가장 기대되는 이벤트였습니다. 작년 11월 박정규 국장이 WMO 국장으로 발탁되었다는 소식은 기상 분야의 세계 진출에 새로운 전환점이 될 것입니다. 이제 우리 직원들이 더 큰 목표를 가지고 일할 수 있는 터전이 마련되었다 해도 과언이 아닙니다.

지난 2월 12일(화) 낮12시, 북한이 핵실험을 한 지 2분 6초만에 '인공지진' 발생 사실을 BH에 보고한 것은 우리 기상청의 역량을 최고로 발휘한 성과였습니다. 모든 직원들이 전문가적 자긍심을 가지고 근무한 결과 4년만에 터진 핵실험 사실을 최단 시간 내에 분석, 보고함으로써 국가의 모든 재난예방의 최선두에 자리한 기상청의 위상을 다시 한번 떨치게 되었습니다. 북한 핵실험 최단시간 내 보고는 대한민국 안보에 기상청이 크나 큰 기여를 하고 있다는 뜻입니다.

날씨편지를 100번까지 쓸 수 있도록 그 동안 업무에서 많은 성과를 내주신 직원 여러분께 진심으로 감사드리며, 저도 2년 간 청장 직을 수행하면서 너무나 큰 보람과 자긍심을 가지게 되었다 라는 말씀을 드립니다. 우리 모두 자신감과 자긍심을 가지고 손에 손 잡고 나아갑시다.

직원 여러분 정말 감사드립니다.

만남과 이별

(2013. 2. 25)

안녕하세요, 기상 가족 여러분.

오늘부터 박근혜 정부가 시작되었습니다.

우리가 과거에 다져온 모든 인프라를 바탕으로 새롭게 간다면 수많은 열매를 따게 될 것입니다.

그런 의미에서 지난 18일(월) 오후 본청 대강당에서 있었던 KAIST 정재승 교수님의 강연은 매우 유익했던 것 같습니다. '혁신의 탄생, 창의적인 아이디어는 어떻게 만들어지는가?' 여러분도 모두 들으셨겠지만 혁신과 변화는 멀리 있는 것이 아니라 우리 주변에 보이는 구슬을 잘 닦고 꿰어 주는 데서 시작됩니다. 공동 기상레이더망 구성, 기상관측표준화법으로 국가기상자료 공유, 지역기상담당관제로 지자체와 소통하고, 언론과 오피니언 리더들에게 적극적으로 소통함으로써 예보 만족도를 극대화시키는 것, 이 모든 것이 혁신이고 창조인 것입니다. 혁신과 창조를 하려면 유연한 생각과 타이밍 맞는 실행이 중요합니다. 소통과 화합이 제일이다(일명 소화제)라는 신념 하에 새 정부 출범에 모든 힘을 보태시기 바랍니다. 19일(화), 삼천리그룹(회장 이만득, 회장 한준호) 임직원 50여 명이 기상청에 오셔서 제 강연도 들으시고 시설도 견학했는데 호응이 매우 좋았습니다. 삼천리그룹은 50년 전 삼천리연탄으로 시작해 오늘날 국내 굴지의 에너지 그룹으로 성장했으며, 지금은 물 산업, 자산운용 등으로 사업 영역을 확장했습니다. 이번에 방문하신 한준호 회장님은 중소기업청장과 한국전력 사장을 지낸 분으로, 민간부문에서도 경영자로 크게 성공하셨습니다. 이제 우리 기업은 글로벌 경영을 해야 하기 때문에 전 세계적 기상기후 자료를 경영과 접목시키는 것은 물론이고 세계경제의 흐름까지 읽어내야 합니다. 언젠가 우리 분야에도 국가 R&D 이외에 민간에서도 많은 R&D 자금이 투입될 것입니다. 그 때를 위해서 모두 준비합시다.

22일(금) 저녁 청와대 영빈관에서 이명박 정부 때 임명됐던 국무총리, 장차관, 청장, 청와대 비서관 등이 모여 이명박 대통령님 환송만찬을 가졌습니다. 이명박 대통령님의 회고에 의하면 2009년 글로벌 경제위기 때 세계 모든 나라가 마이너스 성장을 하는 과정에서도 우리나라만이 유일하게 0.2% 플러스 성장을 해 세계 각국으로부터 부러움을 샀다고 합니다. 이것은 우리 국민이 슬기롭게 고비고비 모든 어려움을 헤쳐왔기 때문이며, 이에 국가 브랜드가 사상 최고로 높아졌다는 평가입니다. 이제 남은 것은 꾸준히 경제 성장을 하면서 생산되는 이익을 국민 모두에게 공평히 분배하고, 행복한 복지국가를 건설하는 일이다 라는 말씀을 하셨습니다. 그날 모였던 많은 분들이 지난 5년 동안 기상 분야의 발전과 신뢰도 급상승을 이야기하면서 저에게 많은 칭찬을 해 주었는데 모두 여러분 덕분입니다.

22일(금), 유영숙 장관님과 오찬을 하면서 그 동안의 노고에 감사를 드렸습니다. 그 동안 기상청이 과기부 외청으로 있다가 이번 정부 들어 5년간 환경부 외청으로 이만의 장관님과 유영숙 장관님을 모셨는데요, 두 분 다 기상청에 많은 도움을 주셨습니다.

유 장관님은 앞으로 KIST로 돌아가서서 연구를 계속할 예정이라고 하시네요. 임기 중에 미군 고엽제 사건, 구미 불산 누출 사건 등이 기억에 남고 기상청과의 협조관계가 너무 좋았다는 말씀을 하셨습니다. 유 장관님 1년 9개월 동안 정말 수고하셨습니다.

서울의 봄은 눈 속에서 온다고 어느 시인이 말했습니다. 새 정부가 출범하고, 새 봄이 옵니다. 여러분 모두 건강하세요.

봄이 오는 길목

(2013. 3. 11)

안녕하세요, 기상 가족 여러분.

봄 날씨가 변덕을 부리네요, 토요일엔 서울의 낮 기온이 24도까지 오르더니 휴일 아침엔 다시 영하로 떨어졌습니다. 전형적인 환절기 현상인데요, 산불 등 안전관리와 건강에 더욱 힘쓰시기 바랍니다.

4일(월), KBS 개국 40주년을 축하하는 기념식에 참석했습니다. 우리나라에 라디오 방송이 시작된 것은 1927년, 그러니까 지금부터 86년 전인데요, 그 동안 방송은 놀라운 수준으로 발전에 발전을 거듭했습니다. 우리 국가기상업무도 방송을 떠나 생각할 수가 없겠지요. 주방장과 철가방 관계 그 이상이지요. 방송 초기에는 우리 직원들이 직접 출연해 활약을 많이 했구요, 요즘은 전문 캐스터나 기자들이 활동하고 있습니다. 바야흐로 지금은 다매체 다채널 시대입니다. 방송은 어느 특정인만 하는 시대가 지났기에 우리 직원 모두가 방송을 하나의 커뮤니케이션 도구로 적극 활용해야 하겠습니다. 그런 의미에서 다락방 방송도 시작한 것입니다. 방송을 통해서 활발한 소통을 한다면 기상청의 신뢰도는 계속 유지될 것입니다.

6일(수), 우리나라의 저명한 CEO 50여 분이 기상청을 방문했습니다. 주로 기업 경영인이 많았고, 전·현직 국회의원, 고위 관료 분들이 자리를 함께 했습니다. 제가 과거 MBA 대학원 CEO과정에서 모셨던 분들인데요, 국가기상업무에 대한 브리핑을 한 시간 정도 해드리니까 정말로 감명이 깊었던 모양입니다. 같이 점심을 하고 사진을 찍는 내내 우리 기상 분야가 이런 정도까지 선진화된 줄 몰랐다고 하시면서 많은 질문을 하셨습니다.

이제 우리 분야는 홀로 발전하는 것이 아니라 융합과 산업화를 통해서 유용한 가치를 만들어내야 발전이 가능합니다. 그런 점에서 요즘 시장이 더욱 커지고 다른 분야와 공동 연구를 열심히 하는 것을 보면 무한한 발전 가능성을 느끼고 있습니다. 이제 기상시장이 2012년 3,200억 원에서 올해는 5,000억까지도 가능할 것입니다. 모두 파이팅 입니다.

7일(목) 정례 모닝 티타임 시간에 예보국 현업 교대근무 개선에 대한 토

기상청 청사를 배경으로. (사진 출처 : 전자신문)

론을 했습니다. 예보국의 근무 형태 변경은 기상청 전체 업무 성과와 조직 문화를 좌우하는 매우 중대한 일입니다. 이제 우리나라 기상업무가 점차 선진화되고 있기에, 그에 걸맞은 근무체제가 필요한 것입니다. 직원들에게 충분한 휴식시간을 보장해 주는 것은 물론, 직원들의 자기계발, 새 시대가 요구하는 기상청의 역할을 효과적으로 하기 위한 방안까지 종합적인 검토가 필요합니다. 이런 논의를 할 때 가장 중요한 것은 과거에 관행적으로 하던 불필요한 업무(야근)를 과감하게 조정해 직원들이 새로운 역할을 의욕적으로 실행하도록 분위기를 마련해야 하겠습니다. 이제 예보생산은 미디어와 지자체 소통까지 마무리되어야 완벽하다 하겠습니다.

8일(금), 그 동안 기상청에 다니면서 청장실을 한 번도 방문한 적이 없는 직원들을 초청해 보여 주었습니다. 시간이 되면 지방에 있는 직원들도 언제든지 들러 주었으면 합니다. 그리고 5일(화)엔 이런저런 이유로 저와 식사 한 번 못한 직원이 있었는데요, 같이 맛있는 한식을 먹었습니다. 7일(목), 강창희 국회의장님을 찾아 인사드리고, 기상위성 사진 액자를 드렸더니 매우 반가워하시면서 과기부장관 때 기상청을 방문한 이야기를 해 주셨습니다. 4일(월), 아깝게 세상을 떠난 신임철 연구관 빈소를 찾아 조문을 했습니다. 기상청 발전에 많은 기여를 했는데 정말 안타까운 일입니다. 명복을 빕니다.

오늘이 3·11 일본 대지진 2주년입니다. 다시 한번 재난재해 예방에 대한 경각심을 가져야 하겠습니다.

꽃샘 추위가 잠시 이어진다고 합니다. 항상 건강하세요.

푸른지구
미래지기가 되고 싶다

04

Q&A

사람은 누구나 자기가 살고 있는 시대의 영향을 받게 되어 있다. 나 역시 대한민국의 발전과 더불어 시대마다 새로운 역할을 부여받고 열심히 살아 왔다. 국내 최초 기상전문기자, CEO과정 주임교수, 대한민국의 기상영토를 넓히려 했던 기상청장으로서 특이한 삶을 보낸 것 같다. 45년 간 기상기후 분야의 소통에 관여했던 나로선 이제 기후변화문제 해결을 위해 사회에 헌신할 생각이다. 그에 대한 각오를 인터뷰에 담았다.

Q **방송국 기상전문기자, 기상캐스터, 기상청장까지 기상 전문가 한길을 걸어온 40여 년을 회상한다면.**

A 저는 대학에서 기상학을 전공하고, 졸업한 해인 1977년 8월 공군장교로 임관해 4년 동안 기상장교로 복무한 후에 대위로 전역했습니다. 전역한 1981년 9월 국내 최초 기상전문기자로 KBS에 입사했고, 20년 정도 기상 방송인으로 활동했습니다. 2001년부터는 한 동안 웨더뉴스 채널을 운영하며 기업체를 대상으로 경영컨설팅을 했고, 그 후 2006년부터 5년 가량 서울과학종합대학원대학교에서 CEO 교육과정 주임교수와 교육원장을 역임하면서 2,000명 이상의 CEO들과 교류했습니다. 이후 2011년 제 9대 기상청장에 발탁돼 2년 1개월 간 공직에 있었고, 2014년 메가시너지 아카데미를 설립했습니다. 2016년부터 기후변화저널 발행인에 취임해 잡지 창간 준비작업에 올인하고 있습니다.

지난 40년을 정리하면 기상기후 분야, 방송 분야, CEO 교육 분야를 기반으로 강연과 기업 경영컨설팅을 해 왔습니다.

Q **그 동안의 경력만 봐도 방송기자, 방송국 운영자, CEO과정 교육자, 공직 수행, 경영컨설팅 등 다양한 분야를 경험했는데, 2016년부터 기후변화저널 발행인이라는 새로운 역할을 맡게 된 계기와 앞으로 활동 목표는.**

A 지금 우리가 살고 있는 세상은 대단한 변혁기에 있다고 생각합니다. 얼마 전에 방한했던 클라우드 슈밥 다보스포럼 회장은 지금부터 인류문명의 변화는 지난 10만년 간의 인간의 역사보다 속도나 범위, 깊이 면에서 더 심할 것이라고 전망했습니다. 슈밥 회장은 올 1월 다보스포럼에서 '제 4차 산업혁명'이라는 화두를 던진 바로 그 사람입니다. 슈밥은 조만간 700만 개의 전통적인 일자리가 사라지고, 200만 개의 새로운 일자리가 창출될 것이라고 예견했습니다. 4차 산업혁명은 하나의 기회도 되지만 제대로 준비하지 않으면 재앙이 되는 것이겠죠.

그런데, 여기에 덧붙여서 지난해 9월부터 미국, 중국 등 강대국이 파리기후변화협약을 빠른 속도로 비준하고, 인도와 EU(유럽연합)도 참여해 결국 11월 4일 파리기후변화협약이 정식 발효되었습니다. 파리기후변화협약은 전 세계 모든 나라가 기후변화의 원인이 인류 활동 때문이라는 것을 인정하고, 이를 해결하기 위해 탄소배출을 최대한 줄이자는 것입니다. 이 과정에서 또다시 경제와 산업계에 엄청난 변화가 있으리라 생각됩니다. 기후변화문제 해결과 4차 산업혁명을 연계시키면, 기후변화 해결은 모든 국가의 공동 목표이자 최대 현안입니다. 그런데, 탄소감축을 해결하려면 갖가지 기술과 산업이 필요한데, 이것은 지금 한창 진행 중인 4차 산업혁명의 물결로 해결해야 하지 않나 생각합니다. 하지만, 기후변화문제를 해결하고 4차 산업혁명이 동시에 진행되는 경우 전 세계 곳곳에서 벌어지는 갈등과 분쟁이 상당히 심각할 것입니다. 기후변화문제는 사회, 경제 문제 수준을 넘어서 국제적인 분쟁을 야기시킬 것입니다. 물 부족이나 식량 부족 문제는 인간의 생존과 직결되는 것이어서 타협점에 이르기가 쉽지 않을 겁니다. 벌써부터 곳곳에서 물 분쟁이 벌어지기도 하고, 2011년 중동의 자스민혁명 때처럼 심한 가뭄이 곡물가 상승을 부추겨 폭동의 원인이 된 사례도 있습니다. 또한 기후난민이 발생해 주변국으로 이동하는 문제가 지금 유럽과 중동의 골칫거리인데 시리아 사태도 점차 기후난민화하는 과정에 있다고 봅니다. 그래서 이미 영국 같은 나라는 오래 전부터 기후변화문제를 국방과 안보전략 차원으로 다루고 있습니다.

Q **우리나라는 북핵이나 사드문제 등 국방과 안보문제가 매우 심각한데 여기에 기후변화문제까지 더해지면 어떤 변화가 예상되는지?**

A 북핵이나 사드문제는 우리나라와 주변 강대국들이 모두가 주시하는 핫 이슈입니다. 그런데 기후변화 문제 역시 이에 못지않다고 봅니다. 특히 북한의 경우 기후변화에 매우 취약합니다. 산림이 황폐화되고 재해예방 인프라가 크게 부족해 웬만한 상황에서도 큰 기상재해를 입는 것으로 밝혀지고 있습니다. 현재 북한에는 물 부족, 식량 부족, 전기 부족 등의 문제가 겹쳐져 있는데 만약 기상이변이 일어나면 생활난이 가중돼 기후난민 형태로 대량 탈북사태가 일어날 수 있다는 것이 전문가들의 견해

입니다.

기후변화가 북한에 치명적인 타격을 입힐 것은 확실합니다. 단지 시간이 문제일 뿐입니다. 현재 북한은 핵 도발의 업보로 국제금융제재를 받고 있는 상황인데, 이제 신기후체제가 출범하면서 추가적으로 정치 안보적, 경제적 압박을 받게 될 처지에 놓여 있습니다. 이럴 때 남북이 기후변화에 공동 대응할 수 있는 방안이 있다면 긴장 완화에 도움이 되는 것은 물론, 통일 이후까지 그 효과가 지속될 것입니다. 예전에는 남북 간에 기상협력이나 산림 개발, 수자원 활용, 황사대책, 백두산 화산 폭발 문제 등을 놓고 일시적이나마 협의와 접촉이 있었습니다만 지금은 후속 조치가 끊긴 상태입니다. 긴급성 재해의 예방과 대응에 남북한과 중국, 일본, 러시아가 협력하는 것은 자국민 보호와 관광객 유치, 교역에서 상호이익을 극대화하는 탁월한 선택이 될 것입니다. 북핵 긴장 완화의 한 방법으로 기후변화 대응, 자연재해 공동 예방 등의 프로젝트를 가지고 주변국과 머리를 맞대는 전략은 매우 효과적이고, 가능한 방법이라고 생각합니다.

Q 그 동안 기후변화와 관련한 국제적인 진행 상황과 앞으로 우리는 어떤 준비를 해야 하는지 설명해 달라.

A 그 동안 많은 사람들이 '기후변화문제'를 기상이변이나 자연생태계에 영향을 미치는 것으로 이해하고 있었습니다. 하지만

기후변화대응 리더십을 발휘한 세계의 지도자들. (사진 출처 : Wikimedia Commons)

기후변화의 원인 물질인 온실가스를 감축하는 과정에서 전 세계 통상과 산업, 심지어는 정치, 외교, 국방, 안보 등에서 어떤 지각 변동이 일어날지에 대해서는 관심이 없었습니다.

저는 오래 전부터 기후변화 문제가 앞으로 인류 전체는 물론, 우리나라에도 큰 영향을 미치는 어젠다가 되겠다고 생각해 지난 2016년 8월에 기후변화저널 잡지 등록과 함께 관련 자료를 모으고 있었습니다. 그러던 9월 초에 의미 있는 뉴스 2건이 세계인의 관심을 끌었습니다. 하나는 오바마 미국 대통령이 태평양의 미드웨이 환초를 방문한 자리에서 "대통령 직에서 물러난 이후에도 기후변화 어젠다에 관심을 가지고 정책적 뒷받침과 실행을 돕겠다"고 퇴임 구상을 밝힌 것입니다. 오바마 대통령은 인터뷰

장소를 지구온난화 영향으로 물에 잠기고 있는 태평양의 한 장소를 선택했습니다.

당시 두 번째 빅 뉴스는 중국 항저우에서 열린 G20 정상회담에 앞서 오바마 대통령과 시진핑 중국 주석이 함께 파리기후변화협약 비준서를 반기문 UN 사무총장에게 전달한 일이었습니다. 반 사무총장은 자신의 주요 업적 가운데 하나로 파리기후변화협약 성사를 꼽고 있습니다. 이 두 가지 빅뉴스가 있은 후 얼마 지나지 않아 파리기후변화협약이 비준되었습니다. 기후변화 관련 전문가들은 파리기후변화협약에 대한 미국과 중국의 입장이 정리되고, 인도와 EU가 참여하면서 이제 선진국들이 온실가스 감축을 무기로 수입규제나 각종 비관세장막 구축 등을 앞세워 통상압력을 강화할 것이라는 분석을 내놓고 있습니다. 현재 우리나라의 탄소배출량은 미국의 10분의 1 정도지만 증가율이 높아 신재생에너지 정책이나 산업구조를 빨리 바꾸지 않으면 안 될 처지에 놓여 있어 구조 개편에 따른 후유증이 만만치 않을 것으로 예상됩니다.

지난 1997년에 발효된 교토의정서는 선진국들에게만 탄소배출 규제를 강화했지만, 2015년 파리기후변화협약에 따라 우리나라를 포함한 많은 나라들이 탄소배출을 의무적으로 감축해야 하는데, 지구 평균기온을 21세기 말까지 산업혁명 이전보다 2도 이내로 억제하려면 빠른 시일 내에 온실가스 배출 억제 정책을 마련해야 합니다. 이러한 목표를 달성하려면 연간 온실가스 배출량을 2010년 대비 2050년까지 50% 이상 감소해야 하고, 이후에도 같은 수준을 유지해야만 합니다.

이제, 2020년부터 우리나라를 포함한 세계 거의 모든 나라가 국가별로 정해진 목표량을 채우려면 온실가스 관련 기술 개발과 산업구조 개편을 해야 하고, 여의치 않으면 다른 나라의 탄소배출권을 사오든가 탄소세를 내야 합니다. 한마디로 국제통상에서 기후변화로 인해 지금까지 없던 추가 비용이 발생하는 것은 물론, 원치 않는 산업구조 개편도 해야 하는 상황입니다.

기후변화 문제에 대한 최근 국제사회의 움직임을 볼 때, 우리나라도 더 늦기 전에 많은 국민들이 기후변화의 양면성을 제대로 알고 대응해야겠다는 생각입니다. 따라서 저는 기상이변, 자연생태계 변화 등 '보이는 기후변화' 문제를 널리 알리는 동시에, '보이지 않는 기후변화' 문제 즉, 온실가스를 의무적으로 감축하는 과정에서 나올 수 있는 모든 상황을 심도 있게 알려야겠다는 생각을 했습니다. 온실가스 감축 과정에서 통상마찰이나 산업구조 개편은 기본적인 변화이고, 심지어는 정치, 외교, 안보 문제, 기후난민, 신종 전염병 창궐 등 심각한 국제분쟁이 얼마든지 일어날 수 있다고 봅니다.

그 동안 우리나라가 북핵, 안보, 국내 정치와 경제 이슈에만 고심하는 사이에 이제 기후변화 문제도 같이 해결해야 하는 복합적인 상황에 처해 있음을 알리는 것이 제가 앞으로 해 나갈 역할이자 목표입니다.

Q 아직도 일부 사람들은 지금 나타나는 '기후변화'가 자연적인 현상의 하나라 크게 걱정할 필요가 없다고 하고, 심지어는 미국 대선에서도 트럼프 쪽의 공화당 진영조차 인위적이라며 기후변화를 인정하지 않았는데.

A 제가 기상기후 분야에 종사한 지 45년이 되었습니다. 제가 대학, 공군장교 시절에는 요즘과 같은 의미의 '기후변화'라는 말이 거의 없었습니다. 그러다가 1980년 중반부터 기상이변의 원인으로 엘니뇨란 말이 심심치 않게 등장하면서 전 세계에 동시다발적으로 나타나는 기상이변에 대해 학자와 언론들이 주목하기 시작했습니다. 물론 학자들 사이에서는 그 이전부터 온실가스가 원인이 돼 지구 기온이 오르고 있다는 '온실효과' 이야기를 하고 있었습니다. 요즘과 같은 의미로 '기후변화'라는 말이 일반 대중을 상대로 쓰여진 지는 25년 전인 1992년 브라질 리우에서 열린 세계기후변화회의 이후라고 생각됩니다. 이 때부터 많은 과학자들이 지구온난화 즉, 기후변화의 원인이 산업화에 따라 과도한 온실가스가 대기 중에 방출되며 생기는 것이라고 이야기하면서 국제사회에 기후변화를 막기 위해 노력해 달라고 주문하기 시작했습니다. 리우 회의 이후 1997년 일본 교토에서는 열린 회의에서 선진국에만 온실가스 배출 감축에 대한 의무를 부여하는 교토의정서를 채택하고, 2005년부터 2020년까지 배출 목표치를 지키도록 결의했습니다. 당시 우리나라와 같

은 개발도상국가는 탄소감축이 당장 피부에 와 닿는 문제가 아니어서 상대적으로 관심이 덜 했고, 오로지 경제 발전과 무역량을 늘리는 데만 매진했습니다.

Q **최근 미국 대통령에 당선된 트럼프는 평소에 지구온난화 추세, 기후변화를 인정하지 않는다는 주장을 해서 많은 사람들이 당혹해 하고 있는데, 앞으로 기후변화에 대한 미국의 태도는 어떨 것이고, 그것이 미치는 영향을 어떻게 보나?**

A 사실 트럼프는 '기후변화는 자신이 정치 역사에서 들어 본 가장 멍청한 것'이라고도 하고, 파리기후변화협약에 대해서도 "별로 좋아하지 않는다. 일방적인 협정이고 미국에 좋지 않다"라는 말을 언론에다 자주 했다고 합니다. 또한 트럼프는 "기후변화는 중국이 만든 날조극"이라는 심한 표현까지 써가며 기후변화는 중국이 미국 제조업의 경쟁력을 약화시키기 위해 지어낸 개념이라는 이야기를 하기도 했습니다. 그만큼 파리기후변화협약이 준수되는 체제로 들어서면 각국마다 경제나 산업구조 개편, 무역 등이 많은 영향을 받게 되고, 이해관계가 복잡해지는 것이라고 생각할 수 있습니다.

기후변화에 대한 트럼프의 과거 전력이 있기에 트럼프가 당선되자마자 반기문 UN 사무총장을 비롯한 파리기후변화협약 주역들, 중국 외교부 등에서 파리기후변화협약 준수에 대한 미국의 이행 의지를 촉구하기도 했습니다. 당선 이후 트럼프는 기후변화에 대한 태도를 조금씩 바꾸는 경향을 보였습니다. 지난해 11월 미국 뉴욕 타임즈와의 인터뷰에서는 기후변화와 인간 활동과는 "어떤 연관성이 있다"며, 기후변화협약에서 탈퇴할 것이라는 기존 입장을 재고할 것임을 시사하기도 했습니다. 또, 그는 파리기후변화협약을 면밀히 보고 있으며, 열린 마음을 가지고 있다는 말을 하기도 했습니다.

많은 전문가들은 트럼프가 기후변화에 대한 기존 입장을 서서히 전환하면서 미국의 이익을 극대화하는 전략을 취할 것으로 보고 있습니다. 기후변화는 도미노 현상처럼 곳곳으로 영향력이 파급되기 때문에 각 국가 입장에서는 가장 중요한 협상 주제로 여길 것입니다.

Q 기후변화로 인해 기상이변, 지구생태계 변화 등에 영향이 있을 것 같은데, 구체적으로 예상되는 피해는?

A 2013년에 IPCC가 발표한 제 5차 보고서에 따르면 기후변화가 심각해지면서 다음과 같은 피해가 예상됩니다. 첫째, 폭염과 홍수 등에 따른 생명과 재산 피해, 둘째, 극한기후로 인한 기반시설과 공공서비스 기능 훼손, 셋째, 식량과 물 부족 현상으로 인한 분쟁과 기후난민의 발생, 넷째, 생물 다양성과 열대림 파괴 등 자연환경 훼손입니다.

5차 보고서에 보듯이 기후변화 문제는 다양한 모습으로 나타납니다. 우선 기후변화의 문제로 첫 번째 꼽을 수 있는 것이 지구촌 곳곳에서 벌어지는 기상이변입니다. 지구온난화에 따라 해수면이 상승하고, 해수 온도가 올라가는 것이 기상 변화와 맞물리면서 다양한 형태의 기상이변이 나타납니다. 슈퍼 태풍도 그 중 하나인데, 우리나라도 지난 2002년 태풍 루사, 2003년 태풍 매미, 그리고 2016년 태풍 차바 피해가 있었습니다. 여름철의 폭염과 국지적인 집중호우 또한 기후변화의 산물입니다. 지구온난화는 식물 성장의 북방 한계선을 높이는 역할도 합니다. 우리나라의 경우도 충청도가 한계선이었던 대나무가 지금은 평양에서까지 자라고 있다는 소식이 들립니다. 사과나 인삼의 재배지도 이미 경기 북부와 강원 북부까지 북상돼 있는 상황입니다. 해수 온도의 상승은 우리나라 연근해 어류의 서식에도 변화를 가져왔습니다. 예전에 많았던 꽁치나 명태 같은 한류 어종들이 북상하고, 요즘 제주나 남해안 인근에는 열대 어종들이 많이 잡힌다고 합니다. 우리나라의 빠른 아열대화로 생태계 전반에 많은 변화가 오고 있습니다. 특히 산림 분야에서 지구온난화에 따른 피해가 만만치 않습니다. 예전과는 다른 방식으로 병해충이 더욱 확산돼 수종 관리나 산림정책을 마련하는 데 고민이 많다고 합니다.

이밖에 해수면 상승은 또 다른 피해를 가져옵니다. 우리나라의 전반적인 해수면이 50년 전 대비 지역에 따라 15~20cm 이상 높아진 것으로 관측되고 있습니다. 이 때문에 태풍이나 만조 때는 더욱 거센 파도가 쳐 큰 피해를 입고 있습니다. 2016년 10월 태풍 차바 통과 시 만조까지 겹치면서 울산 태화강 홍수, 부산 마린시티 침수 등의 피해가 있었는데, 모두 해수면 상승에 따라 추가 피해를 본 것입니다.

Q 세계적으로도 기후변화로 인한 여러 유형의 피해가 발생하고 있는데, 이러한 피해들이 또다른 분쟁을 야기하지는 않을까?

A 세계적으로도 우리나라와 같은 기상피해, 생태계 피해들이 속속 나타나고 있습니다. 태평양의 투발루라는 나라는 해수면 상승으로 국토가 물에 잠길 처지에 있어 온 국민이 이주를 해야 하는 고민에 빠져 있습니다. 또한 해수면 상승과 거친 폭풍으로 해안이 침식되고, 저지대가 침수되는 현상이 세계 곳곳에서 나타나고 있습니다. 얼마 후면 아예 해상생활을 해야 하는 지역도 나타날 겁니다.

반면, 기후변화는 북극의 얼음을 녹게 해서 북극항로가 활용되는 이점도 있습니다. 또 러시아나 캐나다처럼 지구온난화로 동토층이 풀리면서 상대적으로 기후변화의 이점을 누리기도 합니다. 한편으로는 온난화 후유증으로 히말라야의 만년설이 녹아내리면서 동남아에서는 물 걱정이 커지고 있습니다. 우기에는 물이 제법 풍부하지만, 건기가 되면 히말라야 높은 곳에서 공급되던 물의 양이 줄면서 강물이 부족해 생태계가 많은 영향을 받고 있다고 합니다. 더구나 요즘은 중국이 내륙지방을 개발하기 위해 히말라야에서 흐르는 물줄기를 중국으로 돌리는 대형 댐을 여러 개 건설해서 동남아는 이래저래 물 부족이 가중되고 있는 상황입니다. 이 또한 국제분쟁의 원인이 되고 있습니다. 이처럼 기후변화의 후유증은 세계 도처에서 나타나고 있습니다. 아이러니컬한 것은 기후변화의 주된 책임이 강대국에 있는데도 별 관련이 없는 약소국에서 오히려 온갖 피해가 발생하고 있다는 사실입니다. 예를 들어 아마존 인근 국가들은 지구의 허파인 아마존 밀림을 개발하고 싶어 하지만 강대국의 견제로 실현이 어렵습니다. 열대림도 보존하고 열대림을 소유한 나라에도 도움이 되도록 세계가 함께 노력해야 합니다. 그런 점에서 우리나라는 산림이 울창해 탄소배출 협상에서 매우 유리합니다. 또 우리나라의 강 대부분이 우리나라 자체에서 발원하는 이점이 있어 국제적인 물 분쟁에서도 한 발 벗어날 수 있습니다. 다만 중국의 황사나 미세먼지에 의한 피해가 날로 심각해질 수 있는데, 앞으로 국제협력을 통한 해결책 마련이 시급합니다.

Q 우리 인류에게 기후변화는 어떤 의미가 있으며, 앞으로 우리나라는 어떤 방식으로 대응해야 할까?

A 인간이 지구에서 살아남기 위해서는 햇빛, 물, 공기가 반드시 필요합니다. 이 가운데 하나라도 없어지거나 과도한 상태

가 되면 생명체 유지에 치명적이 됩니다. 기후는 앞서 거론한 햇빛, 물, 공기 세 요소가 지역에 따라 서로 조성비를 달리하며 나타나는 현상인데, 세 가지 중에 하나라도 부족하거나 과도하면 극단적인 기후가 되는 것입니다. 예를 들어 히말라야 고산지대는 공기가 희박하고, 사하라사막에는 물이 없습니다. 또한 햇빛이 없는 컴컴한 동굴에서도 생존이 힘듭니다. 따라서 알맞고 안정적인 기후는 인류를 비롯한 생명체 존속에 절대적인 조건이라고 할 수 있습니다.

그러나 이러한 천연조건은 지역마다 다르기 때문에 각 나라마다 생존을 위해 환경개선에 사활을 걸고 있는 것입니다. 그런데 파리기후변화협약이 발효됨에 따라 협약을 준수하는 과정에서 세계 각국은 총성 없는 전쟁을 벌이게 될 것입니다. 탄소배출량 감축은 한 나라의 산업정책과 구조를 획기적으로 바꿔야 하는 경제개혁으로 이어질 수밖에 없고 그 과정에서 경제주체 간 끊임없는 갈등이 예상됩니다. 아울러 탄소배출량 조정과 적용 과정에서 국제적인 통상분쟁이 야기돼 물과 식량 확보를 위한 기후전쟁도 불사할 것이라는 전망이 매우 설득력이 있습니다.

이처럼 기후변화 대응책 마련에는 복합적인 문제가 많기 때문에 국가 차원의 강력한 리더십이 필요합니다. 정부, 국회, 민간대표가 함께하는 공식 조직의 가동은 기본이고, 기후변화 예측, 적응, 완화 등의 단계에서 모든 전문가 집단과 국민이 정보와 정책을 공유하는 네트워이 마련돼야 합니다. 국민이 기후변화의 중요성을 인식하고 생활 속에서 기후변화문제를 해결해 나가는 범국민운동도 반드시 필요합니다. 언제 어떤 형태로 닥칠지 모르는 기후변화의 피해를 막으려면 국가적인 대비책 마련과 이를 실천에 옮기는 길 외에는 대안이 없다고 봅니다.

Q 2011년 기상청장에 임명됐을 때 직업관료가 아닌 민간 출신이어서 화제가 됐는데.

A 글쎄요, 우선 TV를 통해서 얼굴이 알려진 덕을 보았을까요. 저도 왜 제가 공직에 발탁되었는지 궁금해 하면서 배경과 의미를 생각해 봤습니다.

기상청은 1949년에 국립중앙관상대로 출발해 역사가 67년이 되는 조직입니다. 그 동안 발전을 거듭해 1960년대 세계 150위권 실력에서 1990년대 후반에는 세계 20위권, 그리고 2010년대 들어 세계 7위권까지 급성장했습니다. 우리나라의 스포츠 실력, 박물관 수 등의 세계 순위가 기상 순위와 비슷한 정도입니다.

그 동안 주로 교수와 정통 관료를 하신 분들이 기상청의 리더로 임명되었습니다. 기업체에서 주로 연구, 생산, 관리직에서 CEO가 임명된 것과 같다고 볼 수 있겠지요. 저 같은 경우는 대학 기상학과를 졸업하고 공군 기상장교로 복무했지만, 방송기자와 CEO과정에서 교육과 네트워킹을 열심히 한 것이 평가를 받은 것 같습니다. 즉, 기업으로 치면 홍보마케팅, 대내외 소통을 했던 전문 능력을 바탕으로 그 동안 선진국 반열에 올라 있는 한국 기상의 외연을 더욱 넓혀 보라는 의미로 받아들였습니다. 다시 말해, 기상업무를 통한 적극적인 소통으로 국민의 일상을 더욱 편안하게 하고, 기상기후산업을 활성화시키는 한편, 후진 개도국에 기상원조와 기상서비스를 제공해 국격을 높여보라는 국가의 명령으로 이해했습니다.

Q 기상청장에 임명되고 나서 가장 먼저 해야겠다고 생각한 것은?

A 제가 기상전문기자 시절, 기상청이 취재처였고 자문위원과 평가위원으로 25년 이상 활동을 했습니다만 막상 책임자 자리에 앉으니 밖에서 보던 것과는 제법 달랐습니다. 한마디로 국가기상업무를 담당하는 기상청의 실력이 외부에 너무 과소평가돼 있었습니다. 제가 부임할 당시 한국 기상청의 업무능력은 세계 7위권이었습니다. 슈퍼컴도 15년 이상 잘 운영하고 있었고, 2010년에는 세계에서 7번째로 천리안 기상위성도 쏘아 올렸습니다. 박사급 전문가만도 100명이 훨씬 넘는 막강한 집단이었습니다. 그런데, 이러한 집단이 걸핏하면 언론에 두들겨맞고 SNS 상에서 거짓말쟁이라는 조롱을 받을 땐 정말 안타까운 마음이 들었습니다. 책임자로서라기보다 40년 이상을 기상 분야에서 일한 기상 전문인의 입장에서 무엇이 문제인가를 살펴보게 되었

습니다. 그래서 얻은 결론이 이제 모든 국민, 모든 분야와 '소통만이 살 길이다' 라는 생각을 가지게 되었습니다.

우선 저는 내부 소통을 위해 '조 청장의 날씨편지' 를 쓰기 시작했습니다. 제가 한 주 동안 했던 업무를 요즘의 카드뉴스 식으로 사진과 글을 적절히 섞어서 국가기상업무와 관련된 1,500여 명에게 매주 월요일 아침에 볼 수 있도록 했습니다. 취임한 지 한 달만에 첫 번째 편지를 쓰기 시작해서 한 번도 빼놓지 않고 퇴임하는 날까지 모두 103번의 날씨편지를 올렸습니다. 1년이 52주이니까 만 2년 동안 쓴 것입니다. 날씨편지 내용으로는 한 주 간의 행사 소식, 기상청 주요 프로젝트 진행상황, 기상관서 탐방, 외부에서 청을 방문한 사람 이야기, 국내외 출장 내용과 그 때마다 개인적인 느낌을 적어 학창 시절 그림일기처럼 스토리와 사진을 곁들인 형식입니다. 지금도 날씨편지를 보면 그 때 일들이 주마등처럼 스칩니다. 언젠가는 모두 엮어서 필요하신 분들께 나눠드리고 싶습니다.

편지를 한 주 한 주 직원들에게 보내면서 전국 기상관서를 탐방하는 업무를 하다보니 일단 직원들이 저를 대하는 표정과 태도가 점점 달라지는 것을 느꼈습니다. 그리고 가끔은 답장을 하는 직원들도 있어서 더욱 힘이 났습니다. 지금도 조 청장의 날씨편지 원본을 가지고 있습니다만, 가끔 사진을 보고 글을 읽어보며 그 당시를 생각합니다. 정말 쓰기 어려운 상황도 있었지만 그래도 쓰기를 잘했다는 생각이 들며, 그 때문에 제 생각과 행동을 정리하는 데 큰 도움을 받았고, 업무 방향을 잡는 데도 큰 도움이 되었습니다.

Q　날씨편지가 내부 소통의 핵심이었다면, 외부와의 소통을 위해 미니특강과 아이패드를 잘 활용했다는 평가가 있는데.

A　기관장이다 보니 행사도 많고, 어디가서 축사를 해야 할 기회가 많았습니다. 그런데 저는 그런 기회를 매우 중요한 소통의 기회라 여기고 축사 대신에 10분짜리 미니특강이나 심지어는 5분짜리 미니연설을 준비했습니다. 여러분이 상상해 보시면 짐작이 가실 건데요. 보통의 행사장은 주최 측과 초청 인사들이 단상에 앉아 있으면서 축사를 하고, 다른 분들은 객석에서 그 장면

을 지켜보는 것이 일반적입니다. 그런데 저는 축사 대신에 10분짜리 미니특강을 한 것입니다. 물론 주최 측과 사전에 협의한 것이지만, 대부분 이해를 해 주었습니다. 아시는 것처럼 저는 방송국에서 아주 짧은 브리핑을 수없이 많이 했는데, 그 능력을 잘 활용한 것이죠. 또한 당시 유행하던 아이패드에 필요한 기상 브리핑 자료를 넣어서 만나는 사람에게 짧게는 5분부터 주어진 시간 내에 상대방의 기상업무 이해 수준에 맞춰 브리핑을 열심히 했습니다. 보통 대화만으로 상대방을 설득하는 것보다 사진 자료나 인포그래픽을 활용해 설명하면 이해 속도도 빠르고, 오히려 상대의 질문을 유도할 수 있어서 이 방법이 상당한 효과를 발휘했습니다.

Q **짧은 시간에 국가기상업무 같은 큰 주제를 브리핑하는 것은 상당히 어려운 일인데, 키 포인트를 잘 잡은 것인가?**

A 실제 국가기상업무를 일반인이나 다른 분야 사람들에게 단 10분만에 이해시킨다는 건 매우 힘든 일입니다. 그래서 저는 임팩트 있는 슬로건을 여러 개 만들었습니다. 즉, 한마디만 들으면 국가기상업무의 특성과 장점을 곧바로 파악할 수 있는 일종의 메타포입니다. 당시 사용했던 대표적인 슬로건은 세 가지였습니다.

첫째, '기상은 생명을 살리는 과학이다' 라는 것인데, 이것은 악(惡)기상으로 사람이 죽고 피해가 나면 기상청 탓을 하는 것이 일반적인 시절에, 역발상으로 국가기상업무를 잘하기 때문에 그만큼 피해도 덜 나고 상대적으로 안전하다는 내용입니다. '침대는 과학이다' 라는 발상과 유사한 것으로 매우 반응이 좋았습니다. 사실 일기예보라는 것은 한반도나 지구라는 환자를 상대로 기상위성으로 관측하고 슈퍼컴으로 분석해 상태를 예보하고 처방하는 작업입니다. 어떤 의미로는 의사들이 진단하고 처방하는 과정과 흡사합니다. 그런데 상대적으로 오진이 많은 의사가 존경을 받고, 기상예보관은 매일 욕을 먹어야 하는지 안타까워서 긍정의 생각을 가지도록 하는 슬로건을 만든 것입니다. 둘째는 '일기예보는 인류 최고의 협업발명품이다' 라는 것입니다. 요즘 협업에 대한 이야기가 안팎으로 매우 활발합니다. 융복합 창조와 초연결 시대에는 속성은 다르지만 서로의 장점과 장점, 강점과 강점만을 협업으로 연결하면 새로운 가치를 얻을 수 있습니다. 그런데 이미 국제기상기후 업무 분야는 약 150년 전부터 국제적으로 협업을 해왔습니다. 요즘도 세계기상기구(WMO) 체제

속에서 모든 국가가 함께 활동하고 있습니다. 예를 들어 글로벌 차원의 기상기후 자료를 생산할 때는 모든 나라가 서로 돕고 자료를 공유합니다. 그리고 예측하고 예보하는 과정에서도 국가 간 자료 참고를 많이 합니다. 결과적으로 세계 거의 모든 나라는 모든 나라에서 생산한 자료를 참고로 할 수 있는데, 자료를 참고하려 해도 슈퍼컴이나 고급 인력 확보가 기본이어서 그러한 것들이 예산에 반영되지 못하면 불가능합니다. 후진국은 상대적으로 예산, 인력, 시설, 장비 등 모든 면에서 취약합니다. 우리나라의 경우 WMO에 가입한 200여 국가 중에서 아마 1960년대는 세계 150위권 정도였을 겁니다. 그러다가 1990년대부터 슈퍼컴을 사용하면서 세계 20위권에 진입했고, 2010년에 기상위성을 띄움으로써 세계 7위권으로 도약했는데, 이 모든 것이 기상기후 분야 전문인들이 뚜벅이처럼 꾸준히 노력한 결과입니다.

가끔은 언론에서 아주 사소한 것을 가지고 비난을 하는 경우가 있습니다. 예를 들어 태풍이 백령도 부근을 통과한다고 예보했는데, 왜 연평도 부근으로 쏠렸느냐는 겁니다. 저는 그럴 때 이렇게 답변을 합니다. 1주일 전 태풍이 필리핀 동쪽에 있을 때, 그 태풍이 우리나라 서해상으로 올라온다고 예보할 수 있는 나라는 세계에서 다섯 손가락 안에 꼽힌다. 필리핀에 있던 태풍이 서해상으로 오는 것은 확률 10% 정도의 이상 진로인데, 이것을 1주일 전에 예보하는 것 자체가 대단한 것이죠. 1주일이면 모든 대비가 충분하지 않겠습니까? 또한 태풍은 우리나라에 접근해서도 직경이 수백km에 이르기 때문에 전국이 영향을 받게 됩니다. 따라서 태풍을 중심 기준으로 진로를 예보하는 것도 중요하지만, 그 영향의 정도가 지역에 따라 다르기 때문에 그러한 측면에서 보도를 해야 한다고 설명을 했습니다.

세 번째 슬로건으로 제가 내 건 것이 '대한민국의 기상영토를 넓히자' 입니다. 우리나라는 2차 세계대전 이후 독립한 나라 중에서 선진국의 원조를 받다가 다른 나라를 원조하는 유일한 나라가 되었습니다. 제가 스위스 제네바에 국제회의를 하러 가면 전 세계에서 150명 이상의 기상청장과 관계자들이 참석을 합니다. 그 가운데 대한민국 기상청장이 가장 인기가 있습니다. 그것은 바로 우리나라가 기상 후진국에서 단 30년만에 기상 선진국으로 올라섰기 때문입니다. 특히 전통적인 기상강국인 미국, 유럽연합, 일본보다도 우리나라 기상 전문가들과 이야기하는 걸 더 좋아하고, 업무협의를 하고 싶어 합니다. 그것은 저희가 후진국, 개도국을 거쳐 왔기 때문에 자기네 사정을 더 잘 안다는 것이지요. 바로 이러한 점이 우리나라의 기상기술과 인력을 세계에 자랑할 수 있는 발판이 되었습니다. 저도 재임 중에 필리핀에 홍수경보시스템을 제공했고, 스리랑카에는 기상위성 수신장비를 원조했습니다. 또 기상 후진국 공무원들을 매년 일정 인원 기상청에서 교육을 시키고 있습니다. 이제 우리의 기상업무 실력을 기상산업으로 가공해서 전 세계 시장에 진출하는 것이 우리 모두가 해야 할 일이라고 생각합니다. 이미 미국이나 일본, 유럽연합 등에는 각각 1~4조 원의 기상기후 시장이 있고 더욱 규모가 늘어날 전망입니다. 더욱이 이제 기후변화시대가 본격적으로 시작돼 기후변화 관련 시장까지 확대되면 기상기후 기술이나 정보, 인력 파견, 교육, 컨설팅 분야로 대한민국의 기상영토를 늘리는 일이 얼마든지 가능하다고 생각합니다.

Q 재임 중에 대통령을 비롯한 150여 명의 장차관과 청와대 비서관들이 모인 워크숍에서 단 8분만에 국가기상업무에 대해 브리핑한 것이 화제가 됐는데.

A 기상청장에 임명되고 10개월 정도 열심히 하니까 국가기상업무가 눈에 들어오고, 내부 소통은 물론 외부 소통에도 자신

감이 붙게 되었습니다. 그러던 차에 2012년 새해가 밝았는데 청와대 기획조정실에서 새해 첫 번째 장차관 워크숍에서 20분 정도 시간을 줄테니까 국가기상업무를 브리핑해 보지 않겠느냐고 제안해 왔습니다. 정말 천재일우의 기회라는 생각이 들었습니다. 우리나라 최고 의사결정자들이 모인 자리에서 국가기상업무를 브리핑한다는 것은 거의 없었던 일이었습니다. 한창 준비를 하고 있는데, 브리핑 시간이 15분으로 줄고 나중에는 결국 8분밖에는 줄 수 없는데 그래도 가능하겠느냐는 것이었습니다. 그래서 저는 오히려 짧을수록 임팩트 있는 브리핑이 될 수 있다고 보고 자신 있게 하겠다고 대답했습니다.

드디어 브리핑 날, 저는 '구라청에서 천일의 약속까지' 라는 제목으로 8분 브리핑을 성공적으로 마쳤습니다. 마치 한 편의 8분짜리 공감 다큐가 방송되듯이 제가 하는 멘트와 현장 화면이 조화를 이루어 참석하신 분들께 최고의 기상 브리핑을 한 것 같습니다. 그 때 사용했던 슬로건이 제가 평소에 연습하고 수없이 강연을 했던 것입니다. 즉, '기상은 생명을 살리는 과학이다', '일기예보는 인류 최고의 협업발명품이다', '대한민국의 기상영토를 넓히자' 등으로 이어지는 슬로건과 현장 사진, 그리고 적절한 멘트가 어우러지면서 참석한 모든 분들이 브리핑에 귀를 기울여 주셨습니다. 브리핑이 끝난 후 많은 장관님들이 발표자료 공유를 부탁하고, 강연 초청을 해 주셨습니다. 특히 어떤 장관님은 브리핑 준비하는 데 비용이 얼마나 들었느냐고 물으셔서, 제

기상청 PPT 자료.

가 직원들과 함께 직접 준비했다고 하니까 놀라시던 모습이 지금도 눈에 선합니다.

이 때 브리핑 자료 제목을 '구라청에서 천일의 약속까지' 라고 했습니다. 국가 공식회의에서의 브리핑 제목치고는 상당히 파격적이었죠. 여기서 '구라청' 이란 말은 예전에 언론에서 기상청을 폄하하던 용어고요, '천일의 약속' 은 당시 유명하던 드라마 제목입니다. 드라마에서 남녀 주인공이 대화를 하면서 산책을 합니다. 이 때 남자 주인공이 "어째 하늘이 시커멓다" 하니까 여자 주인공이 "곧 비가 올 거야, 요즘은 기상청이 온다면 와"라고 말하는 장면이 나옵니다. 그런데 이 드라마의 작가가 그 유명한 김수현 씨 였는데요, 예전에 기상청 예보에 불신이 가득해서 드라마마다 비난을 하던 분이었습니다. 그래서 제가 직접 전화를 드려서 "요즘 일기예보에 만족하십니까?" 말씀드렸더니 정확도가 많이 향상돼서 크게 도움이 된다는 말씀을 하셨습니다. 그런 연유로 해서 브리핑 제목이 '구라청에서 천일의 약속까지'로 된 겁니다.

Q 기상청장으로 재직하면서 인상 깊었던 일을 몇 가지 꼽는다면.

A 첫 번째는 기상청장에 임명된 지 한 달 만인 2011년 3월 11일 일본을 덮친 대형 쓰나미입니다. 쓰나미로 후쿠시마 원전이 파괴되면서 우리나라도 직접 방사능 피해를 입는 것이 아니냐는 우려가 빠르게 확산됐습니다. 이런 때문인지 청와대 비서실에서 연락이 왔는데, 쓰나미 피해상황이나 방사능 확산 등의 문제를 기상청장이 직접 대통령께 보고해 달라는 것이었습니다. 저는 보고자료를 만들어 다음 날 아침 성남비행장으로 갔습니다. 이명박 대통령께서 그 날 오후에 외국 순방 길에 오르시기 때문에 출국에 앞서 상황을 정확히 아실 필요가 있다는 판단을 하신 것이지요. 지금 기억으로 편서풍 등의 기류 흐름을 볼 때 방사능 유출에 의한 직접적인 피해는 거의 없을 것이라고 보고한 일이 있었습니다. 이명박 대통령께서는 2012년 8월 10일 기상청을 직접 방문하셔서 업무 브리핑을 받기도 했는데, 대통령이 기상청을 직접 방문한 것은 기상청이 생긴 이래 처음이라고 합니다. 제가 재임 당시 김황식 국무총리와 박원순 서울시장도 기상청을

방문했습니다.

두 번째 기억은 임기 말쯤에 터진 북한의 3차 핵실험입니다. 북한이 핵실험을 하면 기상청에서 가장 먼저 감지합니다. 핵실험은 인공지진인데 자연지진과는 지진계에 나타나는 파형이 다르기 때문에 북한이 핵실험한 것을 구별할 수 있는 거죠. 북한이 3차 핵실험을 하기로 한 날 오전이 다 지나가는 데도 소식이 없는 겁니다. 그래서 12시 가까이 돼서 점심 장소로 옮겨가려는 데 담당 직원이 핵실험 사실을 지진계에서 확인했다고 보고했습니다. 그래서 우리는 1~2분 사이에 청와대 등 관계기관에 이 사실을 통보하고, 경계근무에 들어갔습니다. 핵실험 여부는 우리나라 기상청이 체크를 못하면, 곧바로 일본 기상청이 알고 짧은 시간 내에 전 세계가 알게 됩니다. 그러니 혹시라도 핵실험 사실을 다른 나라에서 먼저 알고 거꾸로 우리한테 전해 주면 그처럼 망신스러운 경우가 없는 것이죠. 일기예보를 몇 차례 오보하는 것보다 핵실험 체크에 실패하는 것은 국가의 명운을 좌우하는 것이라 볼 수 있습니다. 핵실험 탐지 얼마 후에 당시 외교부 차관이 저한테 고맙다는 인사를 전해 왔습니다. 핵실험 당일날 일본대사와 점심을 같이 하려고 자리에 앉아 있는데, 핵실험 한 지 2분도 안 돼 본인 휴대폰으로 사실을 통보받았다고 합니다. 그러고 얼마 있다가 앞에 앉은 일본대사도 자국으로부터 그 사실을 통보받았다고 이야기를 해 주었다는데, 혹시 순서가 바뀌었다면 큰 망신이었을 거라는 생각이 들었답니다. 이 같은 사례는 기상청의 핵실험 체크 실력이 국력 수준의 가늠자와 다를 바 없다고 느껴지는 대목입니다.

셋째는 재임 중에 기상장비 비리 건으로 경찰의 소환조사를 받았던 일이 기억에 남는데요. 결국 이 건은 검찰에서 무혐의 처분을 받았습니다. 사실 우리나라처럼 무고와 음해가 많은 나라도 없다고 합니다. 음해세력들은 자신들한테 이익이 돌아올 수 있다면 언론, 국회, 모든 국가 사정기관 등을 동원해 온갖 방식으로 기관장을 흔들어댑니다. 저도 처음에는 조직적 음해에 당황했지만, 임명권자가 계속 신뢰를 보내 주시고 소신과 자신감을 가지고 꿋꿋이 일하다 보니 좋은 성과를 내 만족하고 있습니다. 저는 새 정부가 들어선 2013년 3월 11일자로 2년 1개월의 임기를 마치고 퇴임했습니다.

Q 아직도 오보 때문에 기상청이 가끔 비난을 받고 있는데, 해결 방법이 있다면?

A 제가 재임 중에 어느 신문 기사를 보고 정말 깜짝 놀랐습니다. 그것은 일본인들이 일기예보를 가족 다음으로 신뢰한다는 내용이었습니다. 과연 그럴 수 있을까 반신반의하면서 우리나라 실정을 조사해봤습니다. 그런데 우리나라는 가족, 과학자, 의사 순서에 한참 못 미치는 순위였습니다. 일본과의 기상실력이 1, 2 순위 정도 차이인데도 국민 신뢰도가 이렇게 낮은 것은 소통 부

족이라는 말밖에는 설명이 안 됩니다.

우리나라의 경우 기상서비스를 주로 국가에서만 하는 것으로 많은 국민들이 알고 있습니다. 국가치안업무의 경우 경찰이 거리와 지역 치안을 담당하고, 가가호호 방범이나 보안 등은 보안회사에서 하는 것이 이제는 일반화돼 있습니다. 제 생각에는 기상서비스도 이제는 국가뿐만 아니라 일반 기업에서 국민을 상대로 본격적인 서비스를 해야 할 때라고 봅니다.

나쁜 날씨는 도둑이나 살인자와 마찬가지입니다. 악(惡)기상과 지진 등 자연재해는 우리의 생명과 재산을 빼앗고, 심지어는 생활터전까지 황폐화시킵니다. 더구나 요즘 기후변화의 여파로 예상치 못한 위력적인 태풍, 높은 파도, 상상 이상의 폭염, 미세먼지, 심지어는 지진까지 모든 국민을 불안 속으로 몰아 넣고 있습니다.

이럴 때 치안업무처럼 국가가 담당할 일이 있고, 민간회사에서 빠른 커뮤니케이션 기능을 활용해 할 일이 많이 있다고 생각합니다. 일본의 경우 NHK 방송국에 지진계가 있어서 기상청의 공식 통보 전에도 진동이 있으면 곧바로 방송합니다. 그러다가 기상청 공식 발표가 나오면 자료를 보완해서 재해예방에 힘쓰는 것이지요. 우리나라의 경우 절차나 규정을 너무 따지다보니 현장 적용 과정에서 한 템포 느린 경우가 있습니다. 이러한 모든 문제점들은 부처 간, 또는 소통 단위 간에 드리워진 장막을 걷어내고 협업을 한다면 얼마든지 해결 방법이 있다고 생각합니다.

결론적으로 기상 전문가들이 더욱 자신감을 가지고 내외부 소통을 할 수 있도록 도와 주는 풍토가 필요할 것 같습니다. 지난 2016년 10월 미국에 엄청난 허리케인이 상륙하기 직전에 당시 300만 명 이상이 집을 떠나 대피했다고 합니다. 그런데 허리케인이 예상보다 급격히 약해지면서 다행히도 피해가 적었습니다. 이 때 미국의 많은 언론사에서는 '신의 축복이다' 라는 헤드라인을 뽑으면서 다행으로 생각했을 뿐 기상 당국을 비난하는 일은 없었습니다. 만약 이러한 상황이 우리나라에서 벌어졌다면 언론의 반응이 어땠을까 상상해 봅니다. 우리나라의 경우 왜 그런지 전문가들을 인정하지 않으려는 풍토가 강한데, 이것이 악순환을 거듭하면서 전문가들이 아예 입을 열려고 하지 않고 있습니다.

저는 지금도 기상기후 분야는 물론 기후변화 관련 문제에 대해 전문가들이 더 목소리를 낼 수 있도록 국민들이 격려해 주고 기다려 주는 분위기가 필요하다고 생각합니다. 정말 우리나라의 기상기후 분야, 기후변화 예측 분야의 실력은 세계적이고 이러한 기본 자료와 네트웍을 활용해 세계 무대로 진출할 수 있는 솔루션이 정말 많다고 봅니다. 분야 간 벽을 허물고 소통하는 협업 마인드와 전 세계와 소통하는 실력만 키울 수 있다면 기상기후, 기후변화 분야에서 한국형 산업과 비즈니스 모델이 얼마든지 나올 수 있을 겁니다.

Q 그 동안 〈재미 있는 날씨 이야기〉(해냄,1992년)과 〈기상경제 기온 1도의 변화를 읽는다〉(1995년, 서운관) 등의 책을 펴내기

도 했는데 이 책을 쓰게 된 동기와 앞으로 계획은?

A 말을 하는 것과 글을 쓰는 것은 같은 면이 있으면서도 상당히 다른 것 같습니다. 저는 원래 방송기자로 출발했기 때문에 방송 원고가 아닌 여러 종류의 글을 쓴다는 것이 상당히 어렵게 느껴졌습니다. 그래서 방송기자 시절 원고 청탁이라도 들어오면 계속 미루다가 막판에 쓴 경험이 수두룩 합니다.

그러던 어느 날, 1990년에 개국한 라디오 불교방송(BBS)에서 '기상가요' 라는 프로그램으로 재미 있는 날씨 이야기와 가요를 섞어서 교양 프로그램을 만들려고 하는데, 방송작가를 해 줄 수 있느냐는 제의가 들어왔습니다. 며칠을 생각하다가 승낙을 하고 두 달을 잘 버텨냈습니다. 아이템으로 보면 50개 정도 썼는데, 그 후부터는 아이템이 떠오르지 않고 머리 속에서만 맴맴 돌 뿐이었습니다. 그래서 밤을 꼬박 지새우고 다음 날 아침 8시 방송 시간에 맞춰 원고를 팩스로 보내기를 여러 차례, 그야말로 피를 말리는 방송작가 생활을 경험했습니다. 그럭저럭 1년 6개월을 견디고 나니 기상을 보는 눈이 예전보다 높아진 것을 깨달았는데, 언제가 신문에 칼럼을 쓰는 분 이야기가 머릿속에서 40개 정도의 아이템이 돌아가더라는 말씀이 실감났습니다.

기상가요 원고가 〈재미 있는 날씨 이야기〉로 세상에 나온 것은 라디오 방송을 열심히 듣고 있던 한 출판사 사장님으로부터 제의를 받고나서입니다. 당시에 유명했던 해냄출판사와 연결해서 책으로 정리했는데, 나름 인기가 있어서 당시 교양서적으로는 드물게 1만 부 정도 팔린 것으로 기억됩니다. 이후에 1995년에 〈재미 있는 날씨 이야기〉에 기상경제에 관한 이야기를 보완해서 〈기상경제, 기온 1도의 변화를 읽는다〉라는 책을 냈습니다. 당시 생활기상 위주의 분위기에서 기상이 경제생활에 미치는 영향을 정리해서 다시 책으로 낸 것입니다.

Q 2006년에 우연히 참여했던 CEO과정에서 인생의 새로운 전기를 마련했다고 했는데.

A 2006년은 제가 KBS를 그만 두고 사회에 나온 지 5년 정도 된 해입니다. 그 당시 공군장교 2년 선배인 윤은기 서울과학종합대학원대학교 부총장의 권유로 80명 정원의 지속경영 과정에 들어가게 되었습니다. 직장에만 다녔지 사회 모임은 처음이기 때문에 모든 것이 낯설었고, 특히 사람을 만나서 사귄다는 것이 정말 어려웠습니다. 당시 원우들은 1968년생부터 1933년생까지 매우 다양했고, 저는 중간 정도 연령대였죠. CEO 레벨 80명과 일주일에 한 번 만나 강의를 듣고, 가끔 식사도 하며 서로 방문도 하다보니 새로운 것을 많이 배우게 되었습니다. 특히 주변의 조언을 듣고 사람을 만나면서 내 나름의 노하우를 터득하다 보니 어느새 소통 능력이 엄청나게 향상되었고, 결국은 제가 그 조직의 코디네이터 역할을 맡게 되었습니다. 그 당시 강연 중

강연을 마친 윤은기 전 중앙공무원교육원장과 함께.

에 들은 결정적인 한마디가 기억나는데 바로 '네가 현재 불행한 것은 과거에 네가 잘못 보낸 시간이 너한테 보복하는 것이다' 라는 외국 속담입니다. 이 문장이 귀에 들어오는 순간 머릿속에 깨달음의 전깃불이 들어오면서 인생을 살아가는 자세를 가다듬게 되었습니다. 나중에 이 강연을 하신 분께 고마움을 표하고 지금도 그 내용을 새기면서 일을 하고 있노라고 말씀을 드리곤 합니다. 그 후 저는 그 CEO과정(회원 500명) 사무총장과 대학원 CEO과정(회원 1,200명) 주임교수를 거쳐 4년만에 지속경영과정 원장이 돼 활동을 했습니다.

일주일에 너댓 번의 강연을 듣고, 좋은 CEO들과 교류하며 그들의 경영철학이나 방법을 경청하다 보면 나도 모르게 내공이 쌓이는 것을 느끼게 됩니다. 우유를 먹는 사람보다 우유를 배달하는 사람이 더 건강하다는 이야기처럼, CEO과정의 코디네이터를 하면서 그 분들의 장점을 모두 체득하는 데 힘을 쏟은 것이 오늘날의 제가 있는 또 다른 원동력이 된 것 같습니다. 사실 2008년에도 정부 요직 제의가 있었지만, 그 때는 자신이 없어 사양했습니다. 그런데 2011년에 다시 공직 제의가 왔을 땐 그 동안 수많은 사람을 만났던 노하우와 자신감 때문에 망설이지 않고 결심을 하게 되었습니다.

지금도 많은 CEO들을 만나 강연을 듣고, 제가 직접 강연을 하기도 합니다만, 우리가 온라인에서 얻는 단순한 지식보다는 직접 만나서 배우는 게 중요하다고 생각합니다.

요즘도 대한민국 백강포럼, 대능미래포럼 등 CEO 모임을 운영하면서 내공 있는 분들과의 네트워킹을 계속하고 있습니다. 앞으로도 CEO과정 운영 경험을 살려 '기후변화포럼'이나 '푸른지구공유포럼' 같은 긍정적이고 미래지향적인 모임을 여러분과 더불어 만들어가고 싶습니다. 궁극적으로는 기후변화 문제 소통전문가로서의 역할을 하고자 합니다.

Q **1981년 9월 우리나라 최초의 기상전문기자가 돼 당시 많은 화제를 뿌렸는데, 기상전문기자와 기상캐스터로 활동한 KBS에서의 20년을 정리한다면.**

A 1981년 9월은 신군부에 의해 언론 통폐합이 이루어진 지 1년도 채 안 된 때입니다. 당시 우리나라에서는 1980년 12월에

KBS 뉴스 일기해설 출연 장면(1983년)

컬러TV 방송이 시작되는 등 신군부가 들어서면서 소위 3S 정책 즉, 스크린, 스포츠, 성적 표현의 완화 정책 등을 시행하던 때였습니다. 당시 KBS의 경영진들이 일본 TV방송을 모델로 삼은 탓에 기상방송의 중요성을 깨닫고 처음으로 기상전문기자를 뽑게 되었습니다. 저는 기상학과를 나오고 공군 기상장교를 해본 경험이 있어 편하게 출발했는 데도 처음 시작하는 방송업무라 모든 것이 낯설었습니다. 처음 맡은 일은 1주일에 한 번 20분짜리 TV 기상 프로그램을 만드는 것이었습니다. 지금으로 치면 기자, 작가, PD 등 모든 역할을 해야 하는 힘든 일이었지만 당시 선배들의 도움으로 하나하나 내공을 쌓아갔습니다. 한 10개월 정도 하면서 프로그램에 익숙해질 무렵, 이번에는 전문기자가 직접 출연해서 일기해설을 해 보라는 지시가 떨어졌습니다. 당시만 해도 기상청 예보관들이 직접 방송에 나와 브리핑을 하던 시절이었습니다. 당시 유명했던 분으로 MBC 김동완 통보관과 KBS 홍사선 통보관이 있었습니다. 저는 기자로서 취재와 기상 프로그램을 만드는 일을 하며, 일기해설도 하는 그야말로 눈코 뜰 새 없는 세월을 보냈습니다. 태풍이 오면 2박 3일 간 회사에서 숙식을 하기도 하고, 기상재해로 인한 피해 현장을 직접 다녀오는 일도 마다하지 않았습니다. 당시에는 열정이 충만해 새벽 5시부터 밤 12시까지 뉴스를 커버하고, 오로지 방송만을 위해 매달려 있던 시간이었습니다.

KBS에 있으면서 일기해설을 하고, 1시간짜리 다큐멘터리 프로그램도 제작해 보면서 방송에 대한 노하우를 많이 익혔는데, 그것이 나중에 기상방송을 운영하고 경영컨설팅을 하는데 많은 도움이 되었습니다. 공중파 형태에서 시작한 우리나라의 방송이 케이블 방송, 스카이라이프 위성방송을 거쳐 DMB 방송, IPTV 방송, 인터넷 방송으로 끊임없이 진화하고 있습니다. 지금은 스마트폰으로도 생방송을 하고, 중계도 볼 수 있는 세상이 되었습니다. 1981년과 대비해 지금의 방송환경은 그야말로 격세지감을 느낍니다. 제가 방송국에 입사했을 때 ENG 카메라 한 대 가격이 약 1억5천만 원이었습니다. 당시 반포아파트 30평짜리 가 4천만 원 정도하던 시절이니 지금 시세로 보면 ENG 카메라는 대당 100억 원이 넘는 엄청난 고가 장비였죠. 그러니 KBS에 2대, MBC에 1대밖에 없어 그걸 사용하려고 눈이 빠지게 순서를 기다렸던 생각이 납니다.

요즘은 무한도전이나, 1박2일 등의 예능 프로그램을 찍을 때도 수십 대의 카메라가 동원된다고 합니다. 장비 가격이나 성능이 예전보다 엄청나게 좋아진 때문입니다. 그리고 드론 카메라를 이용해 입체적인 장면도 잡을 수 있어 예전과는 화면의 역동성이나 리얼리티가 비교가 되질 않죠. 요즘도 가끔씩 다큐멘터리나 예능 프로그램을 보면서 방송환경이 IT기술의 발달과 더불어 나날이 향상되는 걸 느끼고 있습니다. 저 역시 방송과 관련된 공부를 끊임없이 하고 있습니다. 왜냐하면 방송과 인터넷, 모바일 기술과 기능을 아는 것은 바로 소통과 커뮤니케이션을 가장 잘할 수 있는 비결이 되기 때문입니다.

그런 점에서 KBS에서의 20년 경험이 오늘날 제가 기상기후, 기후변화 콘텐츠로 세상과 소통하며 협업하고 가치를 배가시키는데 매우 중요한 역할을 하고 있습니다.

Q **대학 시절 4년 간 서울대 축구 대표선수로 활약했고, 지금은 일기예보 생산방식으로 축구를 디지털화하는 일에 관심이 있다는데.**

A 저는 초등학교 4학년 때 축구를 시작한 아마추어 수준급 선수였습니다. 서울대 축구 대표선수(1973~1976)를 4년 간 했는데 당시 선수 대부분이 체육교육과 출신이었고, 저 같은 일반학과 출신은 한 해에 2~3명 정도 활약했습니다. 서울대 축구팀

서울대학교 축구대회 결승전을 마치고(1976년). 뒷줄 왼쪽에서 첫 번째가 김의수 교수님, 일곱 번째가 필자.

은 메이저격인 대학 리그전에서는 승리를 하기가 어려웠지만 마이너격인 국립대학 리그에서는 절대강자였죠. 당시 3군 사관학교 팀과 대등한 실력이었습니다. 1977년부터는 김의수 축구담당 교수님의 노력에 힘입어 이용수(현 KBS 축구해설위원), 강신우, 김종환, 황보관 선수 등이 차례로 들어오면서 대학 리그 중위권으로 실력이 급상승했는데, 제가 그 덕을 많이 보았습니다. 저는 군대 시절, 방송국 시절에도 아마추어 축구선수로 활동하면서 특히, 전국 기자축구대회에서 최우수 선수상을 여러 차례 받아 언론계에서는 축구에 관한 한 유명인사 중 한 명이었습니다.(웃음)

말씀하신 대로 요즘은 축구 연습과 경기 전략을 디지털 데이터화해서 체계화시킨 '축구 빅데이터' 라는 분야에 관심이 있습니다. '축구 빅데이터'는 JPD빅데이터 연구소의 장수진 소장이 창안한 방식으로, 축구를 일기예보 생산하듯이 센서링과 모니터링을 한 후 정밀 분석해 실전 경기나 선수의 기량평가, 스카웃 자료 등 축구산업 전반에 활용하는 솔루션입니다. 자연 현상이나 축구의 눈에 보이는 부분을 디지털화하면 안 보이던 내용이나 정보까지 알게 돼 한 차원 높은 전략을 구사할 수 있게 됩니다. 앞으로 일기예보나 기후변화에 활용되는 빅데이터 기법을 좀 더 발전시켜 축구는 물론 다른 생소한 분야에도 적용시키는 일을 해보고 싶습니다.

*이 책은 사회공헌 미디어 푸른지구에서 펴냈습니다.
*잘못된 책은 구입한 곳에서 바꿔드립니다.

First COMS Image
우리나라 최초의
기상위성인 천리안위성에서
관측한 첫 번째 영상
(2010. 7. 12. 11:15 LST)
기상청
국가기상위성센터